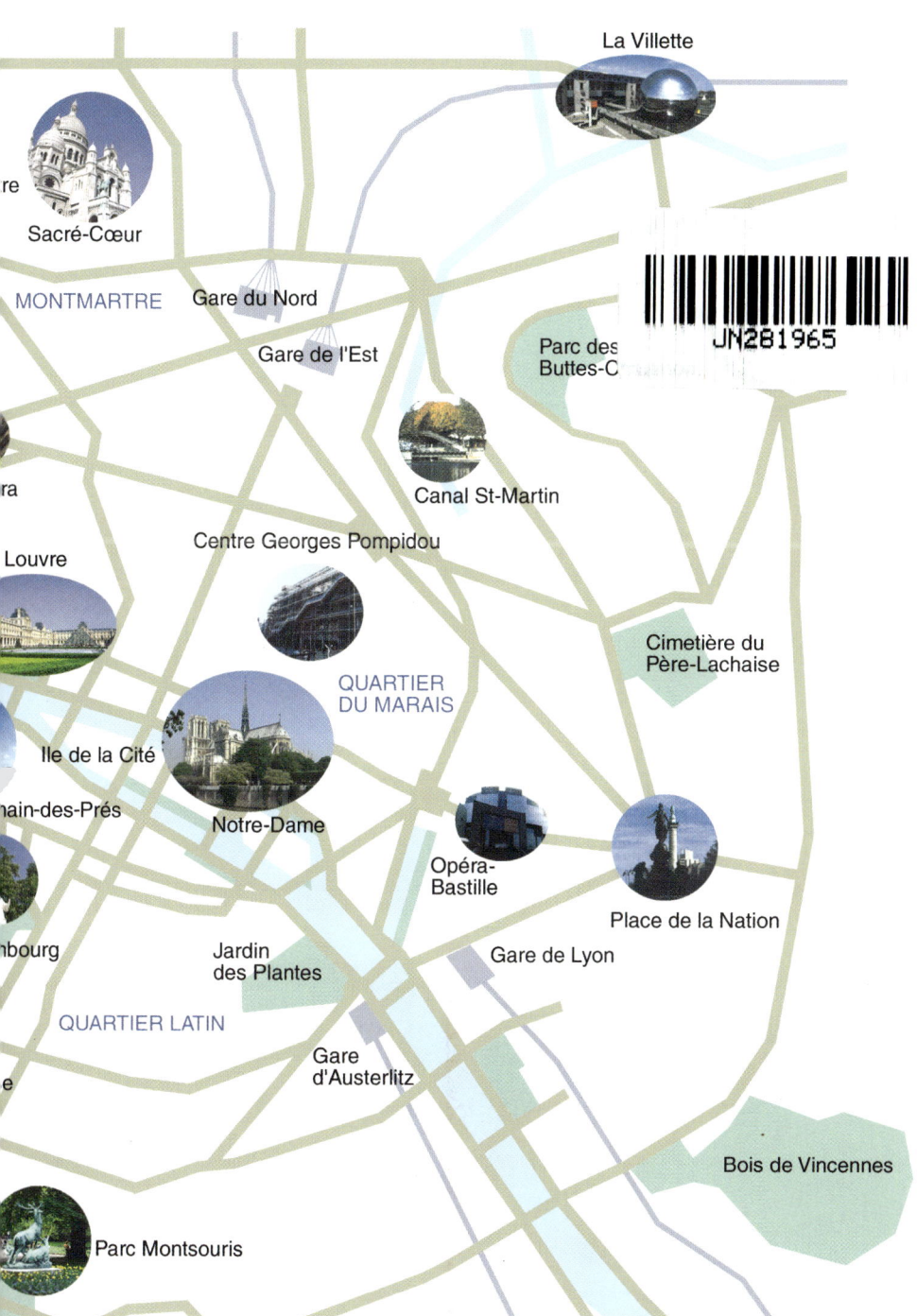

かしこい旅の
パリガイド
CD付

田中成和 著
渡辺隆司

駿河台出版社

表紙デザイン	駒崎浩代
イラスト	山本慶子
見返し地図作成	内田由紀
写真	井田純代
	渡辺隆司

はじめに

　フランスを旅するとき，私たちが言いたいことを言うだけではなく，相手の返事のパターンも知っておくと，会話が広がっていきます。本書は Bonjour！や Merci！だけではものたりなくなったあなたのためにつくりました。

　書店に並んでいる旅行会話集や，ガイドブックなどに記載されている日常会話表現を覚えれば，自分の言いたいことはなんとか表現できます。ただ言いたいこと，聞きたいことを口にするだけではどうにもならない場面もあることはすぐおわかりでしょう。

　パン屋でクロワッサンが欲しいので，Trois croissants, s'il vous plait.（クロワッサン3つお願いします）と言ったのはいいけれど，店員さんがクロワッサンを渡しながら何か言っている。いったい何を言われたのだろう … と不安になってしまうこともありますね。

　でも別にたいしたことではなくて，Vous désirez autre chose?（他に何か）といったような，日本の店でも店員さんが聞くようなことを言っているのだけなのです。ですからもっと欲しいものがあれば，その品物の名前を言い，なければ，Non, c'est tout. Merci.（いいえ，これだけです。ありがとう）と返事すればいいわけです。このようにショッピングのときやレストランで，相手の返事を聞き取ってそれなりの対応をする必要がある場合でも，応答はほとんどが決まり文句なのです。

　本書はそうした旅行中によく使う受け答えのパターンを集めたものです。ここにあるいくつかのパターンを覚えれば，かなりの状況で応用が利くようになります。

一方通行の質問だけのフランス語からインタラクティヴなフランス語会話への第一歩のために，きっとあなたのお役に立つことでしょう。

　フランス語会話については，共立女子大学教授でNHKテレビのフランス語講座に出演されているジャニック・マーニュさんと，中央大学教授で放送大学のフランス語講座でも講師を務められているミカエル・フェリエさんの貴重な助言をいただきました。またCDの吹き込みも快く引き受けてくださいました。テキスト片手に，お二人のきれいで聞き取りやすいフランス語が収録されているCDを聴けば，フランス語会話の世界に自然に入ってゆけるでしょう。では，楽しくかしこい旅に，**Bon voyage！**
ボンヴォアイアージュ

　　　février 2003

　　　　　　　　　　　　　　　　　　　　　　　　　　　　著　者

目　次

		page			page
1-1	カフェ―注文	4	1-2	カフェ―ワイン	6
2-1	ホテル―チェックイン	8	2-2	ホテル―朝食	10
3-1	交通―地下鉄	12	3-2	交通―バス	14
4-1	軽食―カフェ	16	4-2	軽食―アイスクリーム屋	18
5-1	ショッピング―スカーフ	20	5-2	ショッピング―靴	22
6-1	観光―美術館	24	6-2	観光――一日旅行	26
7-1	レストラン―予約	28	7-2	レストラン―注文	30
8-1	ショッピングⅡ―デパート	32	8-2	ショッピングⅡ―免税	34
9-1	ホテルⅡ―部屋の交換	36	9-2	ホテルⅡ―モーニングコール	38
10-1	食料品―パン屋とマルシェ	40	10-2	食料品―チーズ屋	42
11-1	ナイトライフ―オペラ座	44	11-2	ナイトライフ―教会コンサート	46
12-1	ショッピングⅢ―婦人服	48	12-2	ショッピングⅢ―ネクタイ	50
13-1	高級レストラン―注文	52	13-2	高級レストラン―チーズ	54
14-1	帰国―ホテルのチェックアウト	56	14-2	帰国―チェックイン	58

旅の実用ガイド ―― 両替／チップ／トイレ／タクシー／地下鉄・バス／
　　　　　　　　　　ショッピング／食事／緊急時 ……………………60
旅行関連単語集 ―― カフェ／レストラン／食品／ホテル／支払い／交通／
　　　　　　　　　　観光／ショッピング／サイズ・色・素材 …………64
　数　字 …………………………………………………………………78
インターネット便利アドレス ……………………………………………80
三カ国語基本会話 ……………………………………………………裏見返し

1-1 カフェ──注文

Un café, s'il vous plaît.
コーヒーをお願いします

2 — Bonjour, Mademoiselle[1].
　　ボンジュール　　マドゥモワゼル
— **Bonjour, Monsieur !**
　ボンジュール　　ムシュー
— Vous désirez ?[2]
　ヴデジレ
— **Un café, s'il vous plaît.**[3]
　アンカフェ　　シルヴプレ

コーヒーを持ってきて
— Voilà[4], Mademoiselle.
　ヴォワラ　　　マドゥモワゼル
— **C'est combien, un café ?**
　セ　　コンビアン　アンカフェ
— 2 euros.
　ドゥズーロ

— **Au revoir, Monsieur !**
　オルヴォワール　ムシュー
— Au revoir, Mademoiselle. Bonne journée ![5]
　オルヴォワール　マドゥモワゼル　　ボンヌジュルネ

こんにちは，マドモワゼル。
こんにちは，ムシュー。
何になさいますか？
コーヒーをお願いします。

どうぞ，マドモワゼル。
コーヒー一杯はおいくらですか？
2ユーロです。

さようなら，ムシュー。
さようなら，マドモワゼル。いい一日を！

1 Monsieur, Madame, Mademoiselle　それぞれ男性，既婚女性，未婚女性に呼びかけるとき使います。
2 Vous désirez ?　お店に入ったときの店員の決まり言葉。
3 s'il vous plaît 「おねがいします」。英語のpleaseにあたります。
4 Voilà（相手にものを渡すとき）「どうぞ」
5 Bonne journée !「よい一日を！」：朝や昼に別れるとき。夜別れるときはBonne soirée !「楽しい夜を！」といいます。
　ボンヌソワレ

Guide ── パリのカフェ

パリにはおよそ12,000軒ものカフェがあるといわれています。

カフェの奥にあるカウンターと，道に面して並べられたテーブル席では料金が違います。手早くサンドイッチを食べたい時などは安いカウンターで，おしゃべりしたり，本を読んだり，絵はがきを書いたりしたいときはテーブル席にすわるといいでしょう。

カフェにはレジがありません。支払いは席でします。テーブルにお金をおいておけば，ウエイターが清算してくれます。お釣りの小銭はチップとして残しておくのが習慣です。チップは5〜10%が適当です。

トイレはたいていカフェの地下にあります。有料の場合と無料の場合があり，チップが必要なところもあります。

 くり返しましょう ─────────

3 **Bonjour, Monsieur / Madame / Mademoiselle !**
   ボンジュール　　ムシュー　　　マダム　　　マドゥモワゼル

 答えましょう （マークしてある部分を下の言葉に言い換えましょう）

── Vous désirez ?
　　ヴデジレ

── Un café, s'il vous plaît.
　　アンカフェ　シルヴプレ

　　Un crème, s'il vous plaît.
　　アンクレーム
　　（カフェ・クレーム、ミルク・コーヒー）

　　Un jus de fruit, s'il vous plaît.
　　アンジュ ドゥフリュイ
　　（フルーツ・ジュース）

1-2 カフェ──ワイン

Je voudrais un demi.
生ビールをお願いしたいのですが

— **Bonsoir !**
— Bonsoir, Mesdames[1]. C'est pour manger ?[2]
— **Non.**
— Ah bon ![3] Qu'est-ce que vous désirez ?
— **Je voudrais[4] un demi, s'il vous plaît.**
— Pour moi, un verre de[5] vin blanc.
— **Très bien.**

今晩は。
今晩は。お食事でしょうか？
いいえ。
ああ，そうですか。何になさいますか？
生ビールをお願いしたいのですが。
わたしには，白ワインを一杯。
かしこまりました。

1 Messieurs, Mesdames, Mesdemoiselles はそれぞれMonsieur, Madame, Mademoiselle の複数形です。
2 C'est pour... 「…するためです」
3 Ah bon ! は「ああ，そうですか」。Bon ! は「うん」「よし」
4 Je voudrais... 「…がほしいのですが」
5 un verre de... 「グラス一杯の …」

Guide —— カフェで飲むお酒

カフェではさまざまのアルコールも楽しめます。夏のパリは空気が乾燥していてのどが渇きやすいので，よく冷えた demi（ドゥミ）（生ビール）はこたえられません。

夕闇がせまる頃，中年のパリジャンがカウンターに肘をついて，Un vin rouge.（アンヴァン ルージュ）（赤ワイン一杯）と注文し，きゅっと飲んで立ち去るのを見ると，まるで映画の一場面を見るようです。

暑い夏の日の昼下がりには pastis（パスティス）（アニス酒）がぴったりです。氷の入ったグラスに Ricard（リカール）（アニス酒の商品名）をそそぎ，つめたく冷やしたミネラル・ウォーターで割ると，それまで透明だったものが一瞬にして白濁し，アニス特有のちょっとつんとした甘い香りがひろがります。ちびりちびり飲んでいると，南フランスにいるような気分になるでしょう。

くり返しましょう

5 **C'est combien ?**
セ　コンビアン

答えましょう（マークしてある部分を下の言葉に言い換えましょう）

— Qu'est-ce que vous désirez ?
ケスク　ヴデジレ

— Je voudrais（ジュヴドレ） | un demi（アンドゥミ）, / une bière（ユヌビエール）,（瓶ビール）/ un vin rouge（アンヴァン ルージュ）,（赤ワイン）/ une pression（ユヌプレシオン）,（生ビール） | s'il vous plaît.（シルヴプレ）

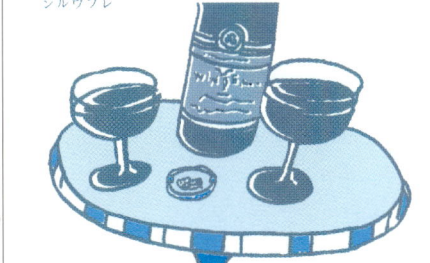

2-1 ホテル──チェックイン

J'ai réservé une chambre.
部屋を予約しているのですが

6 — Bonjour.
　　ボンジュール
— Bonjour, Monsieur ! J'ai réservé[1] une chambre.
　　ボンジュール　　ムシュー　　ジェレゼルヴェ　　　ユヌシャンブル
— Oui, vous vous appelez comment ?[2]
　　ウイ　ヴヴザプレ　　　コマン
— Je m'appelle[3] Kyoko Murayama.
　　ジュマペル　　　キョウコ　　ムラヤマ
— Attendez. Oui, en effet. Une chambre double
　　アタンデ　ウイ　アンネフェ　ユヌシャンブル　ドゥブル
pour trois nuits, c'est bien[4] ça ?
プールトロワニュイ　セ　ビアン　　サ
— Oui, c'est ça.
　　ウイ　セ　サ
— Votre carte de crédit, s'il vous plaît.
　　ヴォットルカルト　ドゥクレディ　シルヴプレ
— Voilà.
　　ヴォワラ

こんにちは。
こんにちは，ムシュー。部屋を予約しているのですが。
はい，お名前はなんとおっしゃいますか？
村山恭子です。
お待ちください。はい，確かに。ツインルームを3泊で，よろしいですね。
はい，そうです。
クレジットカードをお願いします。
どうぞ。

1 J'ai réservé... réserver（予約する）の過去形。
2 Vous vous appelez comment ? 名前をたずねるときの決まり文句。より正式には Comment vous appelez-vous ?
　　　　　　　　　　　　　　　　コマン　　　ヴザプレヴ
と言う。
3 Je m'appelle... 自分の名前を言うときの決まり文句。Mon nom est...「私の
　　　　　　　　　　　　　　　　　　　　　　　モンノン　エ
名前は…です」とも言う。
4 bien「確かに」

Guide —— ホテルの選び方

ホテルはロビーの広さ，エレベーターの数，浴室付きの部屋の割合その他，詳細な設備の違いによって，星なしから4つ星デラックスまでの6段階にクラス分けされ，入り口に表示するよう定められています。

また同一規格の部屋が整然と並ぶアメリカン・スタイルと，昔の日本旅館のようにさまざまな部屋が混在するヨーロピアン・スタイルのものがあります。

個人旅行でパリの風情を味わいたいなら，2つ星か3つ星の小さなホテル（ヨーロピアン・スタイル）がいいですね。そういったところでは，ホテルに戻ると何も言わないうちから鍵をすっと差しだしてくれたりします。大型ホテルの快適さはありませんが，きめの細かい気遣いがうれしいのです。こうしたホテルはカルチエ・ラタンとか旧オペラ座の東側などにたくさんあります。

くり返しましょう

J'ai réservé une chambre.
ジェレゼルヴェ　　　ユヌシャンブル

答えましょう （マークしてある部分を下の言葉に言い換えましょう）

— Vous vous appelez comment ?
　　ヴザプレ　　　コマン

— Je m'appelle │ Takako Kimura.
　ジュマペル　　　タカコ　　キムラ
　　　　　　　　（キムラタカコです）

　　　　　　　　Yoshio Sakai.
　　　　　　　　ヨシオ　　サカイ
　　　　　　　　（サカイヨシオです）

2-2 ホテル――朝食

Où est-ce qu'on peut prendre le petit déjeuner ?
朝食はどこでとれますか

8 — **Pardon, Monsieur. Où est-ce qu'on peut[1] prendre le petit déjeuner ?**
— **C'est au premier étage[2].**
— **Merci.**

— **Vous voulez du café, du thé, du chocolat ?**
— **Du café au lait, s'il vous plaît.**
— **Pour moi, du thé au citron, s'il vous plaît.**
— **Très bien. C'est un buffet. Vous pouvez prendre ce que vous voulez[3].**

すみません，ムシュー。朝食はどこでとれますか？
2階になります。
ありがとう。

何になさいますか，コーヒー，紅茶，ココアがございますが。
カフェオレをお願いします。
わたしには，レモンティーをお願いします。
かしこまりました。ビュッフェ（バイキング）スタイルです。お好みのものをお取りください。

1 Où est-ce qu'on peut... ?「…はどこでできますか？」
2 au premier étage「2階に」，1階は rez-de-chaussée。エレベーターには0かR/Cと書いてある。
3 ce que vous voulez「あなたの欲しいもの」 what you want

Guide ── ホテルの朝食

　ホテルライフの楽しみの一つに朝食があります。朝食にはパンとバター，ジャム，それに飲み物だけのコンチネンタル・スタイルと，さまざまのものを自由にとって食べるビュッフェ・スタイル（日本ではバイキングという）があります。

　フランスでは一般にパンはとても美味しいですから，クロワッサンとバゲットだけのコンチネンタル・スタイルでも充分に楽しめます。とくに小さな家族経営のようなホテルだと，買ってきたばかりの焼きたてのパンの香ばしい匂いと，いれたての温かいコーヒー（あるいは紅茶，ココア）の香りが食欲をそそります。

　ビュッフェには，ハム，チーズ，シリアル，ヨーグルト，フルーツなど火を使わないものだけが並べられている場合と，卵料理，ベーコン，焼いたソーセージ，温野菜など火を使った料理もある場合があります。

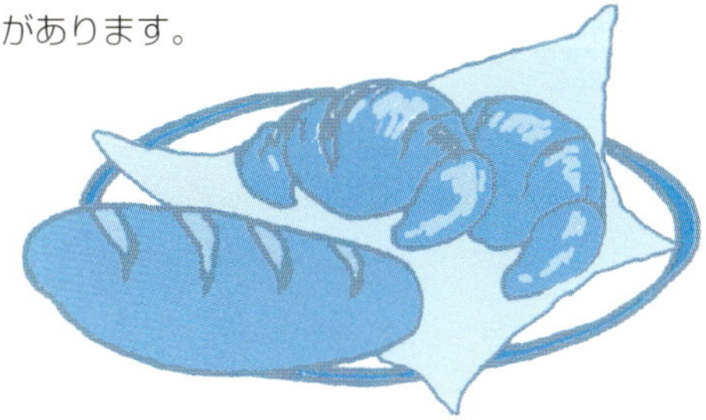

 くり返しましょう

> **Où est-ce qu'on peut prendre**
> 　　ウエスコンプ　　　　　　　プランドル
>
> **le petit déjeuner ?**
> 　ルプティデジュネ

答えましょう（マークしてある部分を下の言葉に言い換えましょう）

— Vous voulez du café, du thé, du chocolat ?
　　ヴヴレ　　　デュカフェ　　デュテ　　デュショコラ

— | Du café au lait, | s'il vous plaît.
　　デュカフェ　オレ　　　シルヴプレ

　| Du thé au citron
　　デュテ　オシトロン
　（レモンティー）

　| Du chocolat
　　デュショコラ
　（ココア）

3-1 交通——地下鉄

Est-ce qu'il y a une station de métro près d'ici ?
この近くにメトロの駅はありますか

地下鉄の駅をきく

— **Est-ce qu'il y a[1] une station de métro[2] près d'ici[3] ?**
— Oui, vous allez tout droit, et vous tournez dans la troisième rue à droite.
— **Oui.**
— Et là, en face de[4] vous, vous voyez[5] la station de métro Place Monge.

窓口で

— **Un coupon hebdomadaire, s'il vous plaît.**
— Oui, c'est pour Paris ?
— **Non, pour 5 zones.**

この近くにメトロの駅はありますか？
ええ，まっすぐ行って，三番目の通りを右に曲がってください。
はい。
そうすると，正面に「プラス・モンジュ」駅があります。

「1週間乗り放題切符」をください。
はい，パリ市内のですか？
いいえ，5 ゾーンです。

1 Est-ce qu'il y a ... ? 「…がありますか？」
2 station de métro 「地下鉄の駅」。国鉄の駅は gare，バス停は arrêt d'autobus
3 près d'ici 「…の近くに」
4 en face de... 「…の正面に」「…の向かいに」
5 vous voyez... 「…が見えるでしょう」

Guide —— メトロ

パリには14路線の地下鉄網が張りめぐらされていて，とても便利です。料金も市内ならどんなに遠くとも，何度乗りかえしようとも均一ですし，表示もSORTIE(出口), CORRESPONDANCE（乗りかえ）といった単語を覚えておけば，分かりやすい。パリに1日滞在すれば誰でも地下鉄は乗りこなせるようになるでしょう。

郊外に行く場合には，RER（首都圏高速鉄道）とかSNCF（フランス国鉄）を使います。これはゾーンに分かれていて，パリ市内だけなら2ゾーン，Versaillesは4ゾーン，Disneyland ParisやFontainebleauは5ゾーンというように8ゾーンまであります。パリを回るなら，Carnet（10枚つづりの回数券）もいいですが，Mobilis（1日乗り放題券）やNAVIGO（日本のパスモのようなチャージ式ICカード）を使うと便利です。Coupon hebdomadaireはNavigoを1週間分チャージする形になりました。Navigoを買って「Pour une semaine, s'il vous plait.」と言えばチャージできます。

くり返しましょう

 Est-ce qu'il y a une station de métro près d'ici ?
エスキリア　　　　　ユヌスタシオン　　ドゥメトロ
プレディシー

答えましょう（マークしてある部分を下の言葉に言い換えましょう）

— C'est pour Paris ?
　　セ　　　プールパリ

— Non, pour 5 zones.
　　ノン　　プールサンクゾーヌ

　Non, pour 4 (quatre) zones.（いいえ，4ゾーンです）
　ノン　　プールカトルゾーヌ

　Oui, c'est pour Paris.（はいパリ市内です）
　ウイ　セ　　プールパリ

3-2 交通──バス

Pour aller au Musée d'Orsay, s'il vous plaît ?
オルセー美術館への行き方を教えてください

12
— **Pardon, Monsieur l'agent, pour aller au Musée d'Orsay, s'il vous plaît ?**
— **Prenez[1] le bus 68 (soixante-huit).**
— **Où est[2] l'arrêt d'autobus ?**
— **C'est là-bas, de l'autre côté.**
— **Merci, Monsieur.**
— **À votre service[3], Mademoiselle.**

— **Vous allez à Bastille ?**
— **Non, prenez le 86 (quatre-vingt-six).**

すみません，おまわりさん。オルセー美術館への行き方を教えてください。
68番のバスに乗ってください。
バス停はどこですか？
そこの向かい側です。
ありがとうございます。
どういたしまして。

バスティーユには行きますか？
いいえ，86番に乗ってください。

1 Prenez ... 「…に乗ってください」 prendre の命令形
2 Où est ... ?「…はどこですか？」
3 À votre service 「どういたしまして」 警官やホテルマンなど職務へのお礼に対する返事

Guide ── バス

パリの地理に少し慣れてきたらバスを使ってみましょう。地下鉄よりずっと快適です。バスは地下鉄と同じ RATP が経営していますので，地下鉄用の切符や定期券がそのまま使えます。

市内バスはどれも2桁の路線番号を表示してあります。ルーブル美術館からオルセー美術館に行くには68番か69番。オペラ座から Quartier Latin に行くには21番か27番。Champs-Élysées 大通りを走るのは73番。オペラ座から Saint-Germain-des-Prés を経て Montparnasse に行くには95番。

この番号は主として始発駅によって分類されています。Saint-Lazare 駅始発のバスは20番台，Gare de l'Est（東駅）始発のものは30番台，Gare du Nord（北駅）始発のものは40番台，Montparnasse 駅始発のものは90番台。

ですから Mobilis（1日乗り放題切符）や coupon hebdomadaire を持って，行き当たりばったりにバスに乗り，ぼんやり窓外を眺めるというのはお勧めのパリ観光方法です。

郊外バスの番号は3桁です。パリの Pont de Sèvres と Versailles の間の路線は171番。La Défense と Saint-Germain-en-Laye 間は258番。

くり返しましょう

Pour aller au Musée d'Orsay, s'il vous plaît ?

答えましょう（マークしてある部分を下の言葉に言い換えましょう）

— Prenez le bus 68 (soixante-huit).

— Où est l'arrêt d'autobus ?

Pardon ?（もう一度言ってください）

D'accord.（わかりました）

4-1 軽食──カフェ

Moi, je prendrai le plat du jour.
今日の定食をお願いします

14 — Vous avez choisi ?[1]
   — **Oui, une salade niçoise.**
   — Oui. Pour Madame ?
   — **Moi, je prendrai[2] le plat du jour.**
   — Très bien. Et comme[3] boisson ?
   — **Une bouteille[4] d'eau minérale.**
   — Gazeuse ou[5] non gazeuse ?
   — **Non gazeuse, s'il vous plaît.**

注文はお決まりですか？
はい，ニース風サラダをお願いします。
はい。そちらさまは？
わたしは今日の定食をお願いします。
かしこまりました。飲み物は何になさいますか？
ミネラル・ウォーターを一本，お願いします。
炭酸入りですか，そうでないものですか？
そうでないものをお願いします。

1 Vous avez choisi ? choisir（選ぶ）の過去形。「お選びになりましたか？」お店での決まり文句
2 je prendrai ...「…をいただきます」prendre の未来形
3 comme ...「…としては」
4 une bouteille「ボトル１本」

Guide ── カフェでの軽食

昼食とか夕食を軽くすませたいときにはカフェに行きましょう。レストランだと最低でも2品（前菜と主菜，もしくは主菜とデザート）をたのむのが習慣ですが，カフェだと単品で注文できます。

一番簡単なのはサンドイッチでしょう。**Qu'est-ce que vous avez comme sandwichs ?**（サンドイッチは何がありますか）とたずねると、「ハム、チーズ、野菜、リエット（パテの一種）」など早口で言いますから、その中で分かった単語を答えればいいのです。よく聞き取れなかったら **Pardon ?**（すみません）と聞き返しましょう。それに飲み物をたのめば充分です。ただの水がほしければ，**une carafe d'eau**。氷を入れて欲しければ，**avec des glaçons**（氷入り）。

パン料理以外の一品料理には，注文しなくてもパンが無料でつきます。胃が弱っている時などのお勧めはオムレツとサラダです。サラダはいろいろな種類がありますが，どれも日本人が考えるよりずっと量が多く，それだけで充分お腹が一杯になるはずです。

くり返しましょう

Moi, je prendrai le plat du jour.
モワ　ジュプランドレ　ルプラ　デュジュール

答えましょう（マークしてある部分を下の言葉に言い換えましょう）

— Vous avez choisi ?
　　ヴザヴェ　ショワジ

— Oui, | une salade niçoise.
　ウイ　　ユヌサラッド　ニソワーズ

　　　| un sandwich au jambon.（ハムサンド）
　　　　アンサンドイッチ　オジャンボン

　　　| une omelette.（オムレツ）
　　　　ユノムレット

4-2 軽食——アイスクリーム屋

Je voudrais une glace.
アイスクリームをください

16
— **Bonjour, Monsieur ! Je voudrais une glace.**
  ボンジュール　ムシュー　ジュヴドレ　ユヌグラス
— Oui, combien de¹ boules, une, deux, trois ?
  ウイ　コンビアン　ドゥブール　ユヌ　ドゥ　トロワ
— **Trois boules, s'il vous plaît.**
  トロワブール　シルヴプレ
— Qu'est-ce que² vous voulez comme parfum ?
  ケスク　ヴヴレ　コムパルファン
  Vous pouvez³ choisir trois parfums.
  ヴヴェ　ショワジール　トロワパルファン
— **Ah, bon, alors, vanille, framboise, et caramel.**
  アー　ボン　アロール　ヴァニーユ　フランボワーズ　エ　カラメル
  C'est combien ?
  セ　コンビアン
— 2 (deux) euros 50 (cinquante), s'il vous plaît.
  ドゥズーロ　サンカーント　シルヴプレ

こんにちは，ムシュー。アイスクリームをください。
はい，何種類でしょうか，ひとつ，ふたつ，みっつ？
3種類でお願いします。
どのフレーバーがいいですか？3種類お選びいただけますが。
そうですか，それでは，バニラ，フランボワーズ，キャラメルで。おいくらですか？
2ユーロ50，お願いします。

1 Combien de ... ?「いくつの … ?」
  combien は「いくら」
2 Qu'est-ce que... ?「何を … ?」「… は何 ?」
3 Vous pouvez ...「…することができます」

Guide —— テイクアウト

パリの街角にはたくさんのテイクアウトのお店があります。日本でおなじみのハンバーグ店はいたるところにありますし，サンドイッチ屋さんもたくさんあります。パリのサンドイッチはバゲットにいろいろな具をはさんだものです。日本でサンドイッチと言っている食パンに具をはさんであるものはイギリス式サンドイッチで，これはスーパーにおいてあることが多いですね。

中華料理のテイクアウトもあります。pâté（パテ） impérial（アンペリアル）（大きい春巻き）とか rouleau（ルロー） de printemps（ドゥプランタン）（生春巻き）などを1個だけ買ってかじりながら歩くのも楽しいです。

夏にはサンドイッチと飲み物を買って，Jardin（ジャルダン） du Luxembourg（デュリュクサンブール）（リュクサンブール公園）の木陰にすわって，食べるのも気持ちがいいものです。ちょっと甘いものが欲しいときにはクレープの屋台もありますし，アイスクリームやシャーベットも美味しい。

こうした屋台やテイクアウトの店ではチップは必要ありません。気楽に注文しましょう。

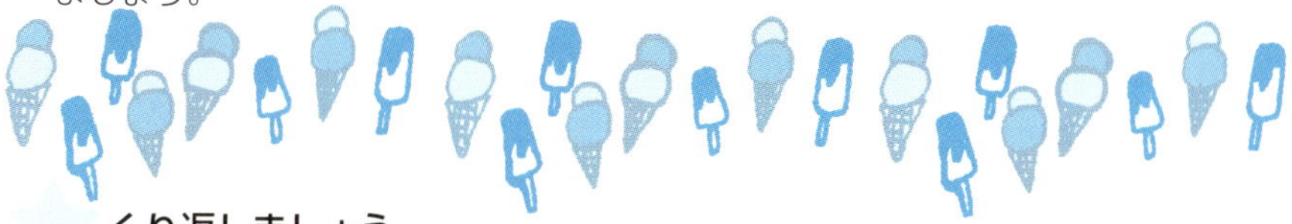

くり返しましょう

17 **Je voudrais une glace.**
ジュヴドレ　ユヌグラス

答えましょう（マークしてある部分を下の言葉に言い換えましょう）

— Qu'est-ce que vous voulez comme parfum ?
ケスク　ヴヴレ　コムパルファン

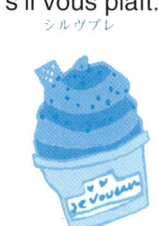

— **Vanille,** s'il vous plaît.
ヴァニーユ　シルヴプレ

Moka et cassis,
モカ　エ　カシス
(コーヒーとカシス)

Chocolat, citron et fruit de la passion,
ショコラ　シトロン　エフリュイ　ドゥラパシオン
(チョコとレモンとパッションフルーツ)

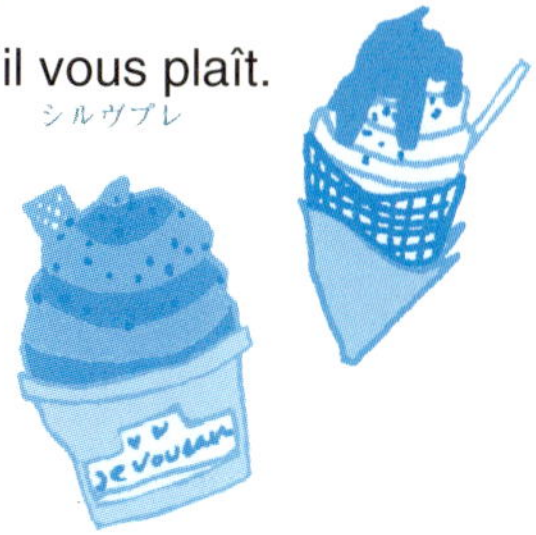

5-1 ショッピング——スカーフ

Je voudrais juste regarder.
ちょっと見たいのですが

18 — Est-ce que je peux vous aider ?¹
— **Non, merci.² Je voudrais juste regarder.**
— Je vous en prie³, allez-y.⁴
— **Merci, Monsieur !**

— **Monsieur, je voudrais voir ce foulard-là⁵.**
— Oui, bien sûr. Il est très beau. Ce foulard vous va très bien.⁶
— **Vraiment ? Il coûte combien ?**
— 150 (cent cinquante) euros. Ce n'est pas⁷ cher.
— **Non⁸ … Bon, je le prends.**

何をお求めですか？
特にありません。ちょっと見たいのですが。
どうぞ，ごらんになってください。
ありがとうございます。

あのスカーフを見たいのですが。
ええ，もちろんです。これはきれいですよ。お似合いですが。
ほんとに？おいくらですか？
150ユーロです。お安いですよ。
そうですね……。わかりました，いただきます。

1 Est-ce que je peux vous aider ?「私はあなたを手助けすることができるでしょうか？」→「なにかお探しですか？」
2 Non, merci.「いいえ結構です。ありがとう」断るときの決まり文句
3 Je vous en prie「どうぞ」
4 allez-y.「そこに行きなさい」→「おやり下さい」
5 …-là「あの…」/…-ci「この…」
6 … vous va très bien.「…はあなたにとてもよく似合う」
7 Ce n'est pas …「…ではない」
8 Non は上の Ce n'est pas cher. に対する返事で，「ええ（高くないですね）」

Guide —— ブティック

　パリのブティックについては，日本の女性誌で頻繁に特集をしていますから，パリに一度も行ったことがない日本人女性のほうがパリジェンヌよりも詳しいこともあります。ですから，ここでは忘れられがちな，店に入るときのマナーを書いておきます。

　お店にはいるときは Bonjour！（こんにちは）と挨拶するのが常識です。むこうもにっこり笑って，Bonjour！と答えてくれますから，この会話にあるように，Est-ce que je peux vous aider？とか，Vous désirez？とか言ってくれるはずです。欲しいものが決まっていなくて，ただ見てみたいときには Je voudrais juste regarder.（見るだけです）と言いましょう。商品に触れてみたいときは Je peux toucher？（さわっていいですか）と聞いてみましょう。何も言わずに黙って入って勝手に商品をさわったりするのが，どれほど失礼かは，おわかりでしょう。

　店を出るときには Merci. Au revoir.（ありがとう。さようなら）。

くり返しましょう

Il coûte combien？
　イル クート　　　コンビアン

答えましょう（マークしてある部分を下の言葉に言い換えましょう）

— Est-ce que je peux vous aider？
　　エスタ　　ジュプ　　　ヴゼデ

— Non, merci. Je voudrais juste regarder.
　ノン メルシー　ジュヴドレ　ジュスト　ルガルデ

　Oui, un sac, s'il vous plaît.（はい，バッグを買いたいのですが）
　ウイ アン サック　シルヴプレ

　Oui, un portefeuille, s'il vous plaît.（はい，財布を買いたいのですが）
　ウイ アンポルトフーユ　シルヴプレ

5-2 ショッピング──靴

Je peux essayer ces chaussures ?
この靴をはいてみていいですか

20 ─ **Je peux[1] essayer ces chaussures ?**
 ─ Bien sûr. Quelle est votre pointure ?
 ─ **37 (trente-sept), je crois.**
 ─ Attendez, je vous les apporte en 37.[2]
 ─ Voilà. Ça va ?[3]
 ─ **Merci. C'est trop[4] grand.**
 ─ Ah, oui, alors, je vous apporte du 36 (trente-six).

この靴をはいてみていいですか？
もちろんです。サイズはいくつですか？
37だと思います。
お待ちください。37の靴をお持ちします。

どうぞ。いかがですか？
ありがとうございます。大きすぎるわ。
ああ，そうですか，それでは36をお持ちします。

1 Je peux …? 「…していいですか？」
2 je vous les apporte en 37. 「私は vous（あなたに）37の les（それ＝靴）を持ってきます」
3 Ça va ? 「いいですか？」「大丈夫ですか？」
4 trop … 「あまりにも…すぎる」

Guide —— ショッピングの楽しみとSolde

パリでのお買い物というと，どうしても高級ブランドを安く買うという話になってしまいます。でもじつはショッピングをしている時間が楽しいのですよね。Faubourg Saint-Honoré の Hermès 本店，Cambon 通りの Chanel，Vendôme 広場の Cartier といった高級店に行けば，店員さんがゆっくりと落ち着いて対応してくれます。サン＝ジェルマン＝デ＝プレの Louis Vuitton で靴を買ったとき，時間をかけて選んでいると，Vous désirez du Champagne ?（シャンパンはいかがですか）と勧められたことがありました。Cartier でもコーヒーが出てきました。高級店にはお客をもてなすためにそういう準備がしてあるのです。

ひたすら価格の安さを追求するのなら，Soldes（セール）を狙うのが一番です。パリのお店は一般的にクリスマス商戦が終わった後，1月に入ってからと，夏休みの7月から8月にかけて大々的な Soldes を行います。Benetton クラスの店だと50パーセント引きが当たり前という感じです。期間はほんの数日間に限定されていますが Chanel などの高級ブティックも Soldes を行います。情報はインターネットで見られます。巻末 p.80のアドレスを参照してください。

くり返しましょう

Je peux essayer ces chaussures ?

答えましょう（マークしてある部分を下の言葉に言い換えましょう）

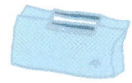

— Quelle est votre pointure ?

— Du 37 (trente-sept), je crois.

C'est 36 (trente-six). （36です）

Je ne sais pas. （わかりません）

6-1 観光――美術館

Une carte musées pour cinq jours, s'il vous plaît.
5日間有効の「カルト・ミュゼ」をお願いします

カルト・ミュゼを買う
— **Une carte musées pour cinq jours[1], s'il vous plaît.**
ユヌカルト　ミュゼ　プールサンジュール
シルヴプレ
— **Oui, 45 (quarante-cinq) euros. Voilà.**
ウイ　カラントサンクーロ　ヴォワラ
— **Merci.**
メルシー

美術館で
— **Mademoiselle, pas de[2] sac à dos !**
マドゥモワゼル　パ　ドゥサッカド
— **Comment ?[3]**
コマン
— **Mettez votre sac à dos au vestiaire.[4]**
メテ　ヴォットルサッカド　オヴェスティエール
— **Le vestiaire, c'est où ?**
ルヴェスティエール　セ　ウ
— **C'est là[5].**
セ　ラ

5日間有効の「カルト・ミュゼ」をお願いします。
はい。45ユーロです。どうぞ。
ありがとう。

お嬢さん，リュックは持ち込めませんよ。
なんですか？
あなたのリュックを手荷物預かり所に預けてください。
手荷物預かり所はどこですか？
あちらです。

1 pour cinq jours 「5日間用の」
2 pas de ... ! 「…は駄目です」
3 Comment ? 「なんですか？」 相手に聞きかえすときの決まり文句
4 Mettez ... au vestiaire. 「…を手荷物預かり所に預けてください」
5 là 「あそこ」／「ここ」は ici
イシー

Guide ── 美術館で

美術館や教会を見てまわるには，Carte Musées（現在は Museum Pass 2日，4日，6日有効の美術館パス）を使うと便利です。各美術館等の入口だけではなく観光局の窓口や FNAC でも買えます。なにより切符を買うための行列をしなくていいのが嬉しいです。

美術館の入場時にはボディ・チェックを厳しくされることが多いです。サント・シャペルやヴェルサイユ宮殿などではまるで空港のようにエックス線による手荷物検査，金属チェックが行われています。入場にあたっては，ハンドバック程度の手荷物は許可されますが，大型バックやリュックサックは手荷物預けに預けるよう指示されます。

美術館内部では写真撮影はだいたい可能です。ただフラッシュ禁止のところが大部分で，フラッシュをたくと Pas de flash ! と酷く注意されます。

くり返しましょう

Une carte musées pour cinq jours, s'il vous plaît.

答えましょう（マークしてある部分を下の言葉に言い換えましょう）

— Mademoiselle, pas de sac à dos !
— Comment ?
　Ah oui ?（あら，そうなんですか）
　D'accord.（わかりました）

6-2 観光——一日旅行

Qu'est-ce qu'il y a comme excursion demain?
明日の一日ツアーは何がありますか

24
パリビジョンのオフィスで

— **Qu'est-ce qu'il y a comme excursion demain?**
ケスキリア　　　　　コメクスキュルシオン　　　　ドゥマン

— **Nous avons** [1] **une excursion pour les châteaux**
ヌザヴォン　　　　　ユネクスキュルシオン　　　　プールレシャトー
de la Loire.
ドゥラロワール

— **Ah bon ! C'est combien ?**
アーボン　　　セ　　コンビアン

— **Ça coûte** [2] **120 (cent vingt) euros.**
サクート　　　　　　サンヴァントゥーロ
Le déjeuner est compris.
ルデジュネ　　エ　コンプリ

— **Bon, alors, deux places** [3]**, s'il vous plaît.**
ボン　アロール　ドゥプラス　　　シルヴプレ

— **Voilà. Venez ici un quart d'heure** [4] **avant le départ** [5]**,**
ヴォワラ　ヴネ　イシー　アンカール　ドゥール　　アヴァンルデパール
à huit heures moins le quart.
アユイトゥール　モワンルカール

— **D'accord. Au revoir, à demain !**
ダコール　　オルヴォワール　アドゥマン

明日の一日ツアーは何がありますか？
ロワール川のお城めぐりがありますが。
あらそうなの！　おいくらですか？
120ユーロです。昼食込みです。
わかりました，それでは，2名でお願いします。
どうぞ。出発の15分前，7時45分にここにいらしてください。
わかりました。さようなら，また明日！

1 Nous avons … 「私たちは … を持っています」→「 … があります」
2 Ça coûte … 「 … かかります」
3 deux places 「二人分の席」
4 un quart d'heure 「一時間の4分の1」→「15分」
5 avant le départ 「出発前」

Guide —— パリからの旅

　パリ近郊まで行ける mobilis と carte musées を持っていれば，日帰りの小旅行が楽しめます。4ゾーン内なら，Saint-Germain-en-Laye と Versailles がいいでしょう。5ゾーンならゴッホの絵で有名な Aubers-sur-Oise，6ゾーンなら Fontainebleau に行けます。さらに8ゾーンにある中世の街の面影を現在に伝える Provins まで行くと，もう郊外と言うより地方都市といった印象です。

　さらにゾーンの限界をこえると，素晴らしいシャトーがある Chantilly，ステンドグラスで有名な大聖堂と川沿いの旧市街の散策が楽しい Chartres などに行けます。これらは SNCF（フランス国鉄）で簡単に行けます。

　もっと足を延ばして，ジャンヌ・ダルクが火あぶりの刑に処せられた広場がある Normandie 地方の都市 Rouen，彼女がシャルル7世を聖別した歴代フランス王の戴冠式が行われた大聖堂がある Champagne 地方の Reims も日帰り圏です。

　世界遺産の Mont-Saint-Michel やロワール河古城巡りなどは，自分で行こうとするととても日帰りはできません。モネの家で有名な Giverny も交通の便が悪いので，現地旅行会社主催のバス旅行がお勧めです。

くり返しましょう

Qu'est-ce qu'il y a comme excursion demain?

答えましょう（マークしてある部分を下の言葉に言い換えましょう）

— Ça coûte 120 (cent vingt) euros.
— Bon, alors, deux places, s'il vous plaît.
　　　　　　 trois places,
　　　　　　 （三人分の席）
　　　　　　 quatre places,
　　　　　　 （四人分の席）

7-1　レストラン——予約

Vous pouvez réserver un restaurant pour demain midi ?
明日の昼のレストランを予約してもらえませんか

ホテルのフロントに予約を依頼する

— **Vous pouvez[1] réserver un restaurant pour demain midi ?**
　ヴプヴェ　レゼルヴェ　アンレストラン　プールドゥマン　ミディ

— Bien sûr. Qu'est-ce que vous préférez comme restaurant ?
　ビアンシュール　ケスク　ヴプレフェレ　コムレストラン

— **Un bon restaurant un peu[2] chic, mais pas trop[3] cher.**
　アンボンレストラン　アンプ　シック　メ　パ　トロシェール

— Quel est votre budget ?
　ケレ　ヴォットルビュジェ

— **Entre 20 (vingt) et 30 (trente) euros[4] par personne[5].**
　アントルヴァン　エ　トラントゥーロ　パールペルソンヌ

— Euh … Près de l'hôtel , il y a un bistrot typiquement français: la cuisine est simple mais c'est très bon.
　ウー　プレ　ドゥロテル　イリア　アンビストロ　ティピックマン　フランセ　ラキュイジーヌ　エ　サンプル　メ　セ　トレボン

— **C'est très bien.**
　セ　トレビアン

明日の昼のレストランを予約してもらえませんか？
けっこうですよ。どんなレストランがよろしいでしょうか？
ちょっとおしゃれで，あまり高くないいいレストランを。
ご予算はおいくらですか？
一人20から30ユーロです。
そうですね…。このホテルの近くに，典型的なフランスのビストロがあります。料理はシンプルですが，とても美味しいですよ。
それがいいわ。

1 Vous pouvez … ?「…していただけますか？」
2 un peu …「少し…」
3 pas trop …「あまり…すぎない」
4 entre … et …「…と…のあいだ」
5 par personne「一人あたり」

Guide —— レストランの選び方

　Michelin とか Gault-Millau といったガイドブックに掲載されている高級店に行くのなら，あらかじめ電話で予約しておくこと。自分でできなければホテルのフロントにたのむとやってくれます。

　そんな有名店ではなくても，パリには美味しいレストランがいっぱいあります。フランスのレストランではメニューを入口の横に掲示してあります。ですからガイドブックなど見なくても，街を歩きながらよさそうな店が目についたらじっくりメニューをたしかめて，いいと思ったら入ってみましょう。パリなら味でがっかりするようなことはまずありません。

　なかには古いビストロのように，決まったメニューがなく店内に手書きの日替わりメニューが書いてあるようなところもあり，昔のパリの雰囲気が味わえます。そんなところではテーブルクロスの上に紙のテーブルクロスが敷いてあり，オーダーはその紙に書いたりします。

くり返しましょう

27　**Vous pouvez réserver un restaurant pour demain midi ?**
　　ヴプヴェ　　レゼルヴェ　　アンレストラン　プールドゥマン　ミディ

答えましょう（マークしてある部分を下の言葉に言い換えましょう）

— Quel est votre budget ?
　　ケレ　ヴォットルビュジェ

— Entre 20 et 30 euros par personne.
　　アントルヴァン　エ　トラントゥーロ　パールペルソンヌ

　30 euros par personne.（一人30ユーロです）
　トラントゥーロ　パールペルソンヌ

　Environ 40 euros par personne.（一人だいたい40ユーロです）
　アンヴィロンカラントゥーロ　パールペルソンヌ

7-2 レストラン──注文

Nous prenons le menu à 26 euros.
26ユーロの定食をいただきます

28 — **Bonjour, Monsieur, j'ai réservé[1] une table pour 4 (quatre) personnes.**
  — Oui, à quel nom ?[2]
  — **Nakano.**
  — Bien[3], on vous attendait.[4]

  — Vous voulez[5] un apéritif ?
  — **Non, merci.**
  — Nous avons deux menus : à 26 (vingt-six) euros et à 38 (trente-huit) euros.
  — **Nous prenons le menu à 26 euros.**

こんにちは，ムシュー。4人で席を予約しているのですが。
はい，どちらさまですか？
中野です。
確かに，お待ちしておりました。

アペリティフはいかがですか？
いえ，けっこうです。
2種類の定食がございます。26ユーロと38ユーロです。
26ユーロの定食をいただきます。

1 j'ai réservé. 「予約してあります」 réserver （予約する）の過去形
2 à quel nom ? 「どういう名前で？」
3 Bien 「確かに」
4 on vous attendait 「私たちはあなた方を待っていました」
5 Vous voulez ...? 「…が欲しいですか？」

Guide ── テーブルマナーと注文の仕方

　フランス料理のテーブルマナーは難しくありません。たくさんのナイフとフォークがずらりと並べられて，どれを使ったらいいのか分からないのじゃないか，などという心配はまずありません。たいていの店では料理に合わせてナイフとフォークを出してくれます。安い店だと，ナイフとフォークを交換しないところもあります。

　高級店ではワインはウエイターがつぎます。中級以下の店ではお客が自分で注ぐのですが，その場合ホスト役の男性が注ぐことになっています。これは家庭内でも同じことで，料理を作るのは女性でも，肉を切り分けたりワインをつぐのは一家の主人の権利と見なされているのです。

　menu には飲み物とサービス料が込みになっている場合（le boisson et le service compris）と込みになっていない場合があります。
　支払いはカフェと同じで，テーブルでするのが普通です。ウエイターを呼んで，L'addition, s'il vous plaît.（お勘定お願いします）といえば，計算書を渡してくれます。最近では支払いはクレジットカードですることが多くなりました。その場合，サービス料は含まれていても pourboire（チップ）を書き加える欄がないことがあります。そうしたときには，ちょっと小銭をおいておくのが洒落ています。

くり返しましょう

J'ai réservé une table.
ジュ レゼルヴェ　ユヌ ターブル

答えましょう（マークしてある部分を下の言葉に言い換えましょう）

— Vous voulez un apéritif ?
　　 ヴレ　　　　アンナペリティフ

— Non, merci.
　 ノン　メルシー

　Oui, un kir, s'il vous plaît.（はい，キールをお願いします）
　ウイ アンキール　シルヴプレ

　Pour moi, un champagne.（私にはシャンパンを）
　プールモワ　アンシャンパーニュ

8-1 ショッピングⅡ──デパート

Montrez-moi ce bracelet, s'il vous plaît.
このブレスレットを見せてもらえませんか

30 — **Monsieur, montrez-moi[1] ce bracelet, s'il vous plaît.**
— Lequel ?[2] Celui-ci ou celui-là ?[3]
— **Celui-ci, s'il vous plaît.**
— Voilà.
— **C'est en or ?**
— C'est plaqué or. C'est de très bonne qualité.
— **Il me plaît[4] beaucoup. Je le prends.**
— Voici le ticket. Vous payez à la caisse. Et vous revenez.

すみません，このブレスレットを見せてもらえませんか？
どれでしょうか？こちらのですか，あちらのですか？
こちらをお願いします。
どうぞ。
これは金製ですか？
これは金メッキです。品質はとてもいいですよ。
とても気に入りました。いただくわ。
これがチケットになります。会計でお支払いください。それからお戻りください。

1 montrez-moi ... 「私に…を見せてください」
2 Lequel ?「どれですか？」男性名詞について使う。女性名詞の場合にはLaquelle ?
3 Celui-ci ou celui-là ?「こちらですか，あちらですか？」男性名詞について使う。女性名詞の場合にはCelle-ci ou celle-là ?
4 Il me plaît「それは私の気に入る」→「気に入りました」

Guide —— デパート(grand magasin)とショッピングセンター

　セーヌ川にかかるポン・ヌフのそばに立つ老舗の Samaritaine，左岸の Au Bon Marché（食料品コーナーが有名），オペラ座裏のオスマン大通りに並んでいる Printemps と Galeries Lafayette，パリ市役所近くにあって DIY 用品が充実している B.H.V. など，パリには特長のあるデパートがいろいろあります。Printemps と Galeries Lafayette では週のうち1日か2日，ファッションショーをやっています。オートクチュールのショーではなく，お店で売っている商品を使ったファッションショーですから，身近なパリジェンヌのファッションセンスが感じ取れます。予約すれば無料で入場できます。

　本，CD，オーディオ製品，コンピュータ，カメラ用品などはレ・アール，モンパルナス，サン＝ラザールなどに店がある FNAC でたいていのものはそろいます。

　フランスでは日曜日，デパートも含めお店は営業していません。日本のように日曜日にショッピングというわけにはいきません。

くり返しましょう

Montrez-moi ce bracelet, s'il vous plaît.
モントレモワ　　　スブラスレ　　　　シルヴプレ

答えましょう（マークしてある部分を下の言葉に言い換えましょう）

— Lequel ? Celui-ci ou celui-là ?
　ルケル　スリュイシ　ウ　スリュイラ

— **Celui-ci, s'il vous plaît.** （こちらのもの）
　スリュイシ　　　シルヴプレ

　Celui-là, s'il vous plaît. （あちらのもの）
　スリュイラ　　　シルヴプレ

8-2 ショッピングⅡ——免税

Je voudrais faire la détaxe.
免税お願いしたいのですが

32 — **Je voudrais faire la détaxe[1].**
— Oui, les factures et votre passeport, s'il vous plaît.
— **Voilà.**
— Quel est votre hôtel ?
— **«Méridien Montparnasse».**
— Vous signez ici, s'il vous plaît.

免税をお願いしたいのですが。
はい，レシートとパスポートをお見せください。
どうぞ。
滞在のホテルはどこですか？
《メリディアン・モンパルナス》です。
ここにサインをお願いします。

[1] faire la détaxe 「免税手続きをする」

Guide ── 免税手続き

　フランスで買った品物を外国（EU以外の国）に持って出る場合には，消費税相当額が免税となります（手数料を差し引いて，だいたい価格の12％程度）。免税手続きをするには条件があって，あるお店で1日に190から200ユーロ程度の買い物をした場合，と決められています（金額は店によって若干違います）。

　ちょっとした化粧品やお土産物を買った程度ではとてもそんな金額には達しません。でも，デパートなら中に入っているお店全部で1つの店と見なされます。あらかじめ下調べをしておいて，1日のうちにさまざまの商品をまとめて買えばいい。そうするとお化粧品や小物類などもひっくるめて200ユーロぐらいには簡単になるでしょう。それらのレシートを全部集めて，デパートの免税手続きコーナーに持っていけばいいのです。

　それ以外の店ではフランス語で手続きをすることになりますが，パスポート番号とホテルの名前を聞かれるぐらいで，ごく簡単です。免税で払い戻しされるお金はクレジットカードに振り込むようにしておくといいでしょう。

くり返しましょう

33 **Je voudrais faire la détaxe.**
　　　ジュヴドレ　　　フェール　　ラデタックス

答えましょう（マークしてある部分を下の言葉に言い換えましょう）

― Oui, les factures et votre passeport, s'il vous plaît.
　　ウイ　レファクテュール　エ　ヴォットルパスポール　　シルヴプレ

― Voilà.
　　ヴォワラ

　D'accord.（わかりました）
　ダコール

　Attendez, s'il vous plaît.（ちょっと待ってください）
　アタンデ　　　シルヴプレ

9-1 ホテルⅡ──部屋の交換

Est-ce que je peux changer de chambre ?
部屋をかえてもらえますか

34 — J'ai[1] un problème.
　　ジェ　　アンプロブレム
— Oui, qu'est-ce que c'est ?
　ウイ　　　ケスクセ
— J'ai une chambre pour deux personnes.
　ジェ　ユヌシャンブル　　プールドゥペルソンヌ
— Oui.
　ウイ
— Mais je voudrais une chambre à deux lits.
　メ　ジュヴドレ　ユヌシャンブル　　アドゥリ
　Et là, c'est une chambre avec un grand lit.
　エ ラ　セテュヌシャンブル　　アヴェッカングランリ
　Est-ce que je peux changer de chambre[2] ?
　エスク　ジュプ　シャンジェ　ドゥシャンブル
— Oui, bien sûr.
　ウイ　ビアンシュール

問題があるのですが。
はい，何でしょうか。
二人部屋なんですが。
はい。
でも，わたしはツインの部屋をお願いしたいのですが。ここはダブルなんです。部屋をかえてもらえますか？
はい，もちろんです。

1 J'ai ... 「私は … を持っている」→「… があります」
2 changer de chambre 「部屋を替える」

Guide —— ホテルの部屋の選び方

ホテルの部屋はそれぞれ違っています。ヨーロピアン・スタイルのホテルなら，同じ値段でも広さも違いますし，設備や内装も違うことが多い。自分で見て納得するまで確かめることです。

アメリカン・スタイルのホテルの場合，広さや設備は同じです。しかし，中庭に向いているか，通りに面しているかで騒音が違うこともあります。エレベーターのそばでうるさいということもあります。

とくに問題が起こりやすいのが，2人用の部屋を取っていて，ツインとダブルが間違っているケースです。バスつきのはずなのにシャワーだけだったということもときには起こります。

くり返しましょう

Est-ce que je peux changer de chambre ?
エスク　　　ジュプ　　シャンジュ　ドゥシャンブル

答えましょう（マークしてある部分を下の言葉に言い換えましょう）

— Qu'est-ce que vous désirez ?（どんな御用でしょうか？）
　ケスク　　　　　ヴデジレ

— Je voudrais｜une chambre à deux lits.
　ジュヴドレ　　ユヌシャンブル　アドゥリ

　　　　　　　une chambre avec un grand lit.（ダブルの部屋）
　　　　　　　ユヌシャンブル　アヴェッカングランリ

　　　　　　　une chambre non-fumeur.（たばこを吸わない人の部屋）
　　　　　　　ユヌシャンブル　ノンフュムール

9-2 ホテル II ——モーニングコール

Pouvez-vous me réveiller demain matin ?

明日の朝のモーニングコールをお願いしたいのですが

— **Allô ?**
 アロー

— **La réception, bonsoir.**
 ラ レセプシオン   ボンソワール

— **Bonsoir. Pouvez-vous me réveiller[1] demain matin ?**
 ボンソワール プヴェヴ   ムレヴェイエ   ドゥマン   マタン

— **Oui, bien sûr. À quelle heure ?**
 ウイ ビアンシュール アケールール

— **À six heures et demie.**
 ア シズール エ ドゥミ

— **À six heures et demie, d'accord. Votre numéro de chambre, c'est bien 301(trois cent un) ?**
 ア シズール エ ドゥミ ダコール ヴォットル ニュメロ ドゥ シャンブル セ ビアン トロワサン アン

— **Oui, c'est ça.**
 ウイ セ サ

もしもし？
こんばんは，フロントです。
こんばんは。明日の朝のモーニングコールをお願いしたいのですが。
はい，かしこまりました。何時でしょうか？
6時30分です。
6時30分ですね，承りました。お部屋は301号室ですね。
はい，そうです。

1 me réveiller 「私を起こす」

Guide ── ホテルのサービス

　ホテルではキーに関するトラブルがよく起こります。カードキーがちゃんと作動しないことがあります。そんなときはフロントに行って，**Cette clé ne marche pas.**（このキーは使えません）と言えば，取りかえてくれます。
　それとドアが自動ロックになっていることも多く，キーを持たずに廊下に出てドアが閉まってしまい，部屋に入れなくなるというケース。これもフロントに行って，**J'ai oublié ma clé dans la chambre.**（部屋にキーを忘れてしまいました）と言えば対応してくれます。
　古いホテルでは **double tour** といって，鍵を開け閉めするのに２度回さないといけないものがあります。よく１度しか回さないで「鍵が開かない」と騒いでいる人がいますが，単にもう一回転させればすむことです。
　中規模のホテルでよく起こるのは，お風呂の湯が出なくなることです。これはとくにツアー客が多いホテルで見られることで，タンクにためてあったお湯が，お客さんがいっせいに湯を使ったせいでなくなってしまったからです。これはしばらく待つしかありません。
　電話はホテル内なら最初から繋がりますが，外線はフロントにたのんで回線を開いてもらわないと通じないところもあります。

くり返しましょう

Pouvez-vous me réveiller demain matin ?
　プヴェヴ　　　　　ムレヴェイエ　　　　　ドゥマンマタン

答えましょう（マークしてある部分を下の言葉に言い換えましょう）

— À quelle heure ?
　　アケールール

— À six heures et demie.
　　アシズール　エ　ドゥミ

　À sept heures.（７時に）
　　アセットゥール

　À sept heures et quart.（７時15分に）
　　アセットゥール　エ　カール

10-1 食料品――パン屋とマルシェ

250 grammes de cerises, s'il vous plaît.
サクランボを250グラム，お願いします

38

パン屋
— **Une baguette, s'il vous plaît.**
— **Oui, c'est tout ?**[1]
— **Une tarte aux framboises et un éclair au chocolat.**
— **Voilà, Mademoiselle. Et avec ça ?**[2]
— **C'est tout.**

マルシェで
— **Monsieur, 250 grammes de**[3] **cerises, s'il vous plaît.**
— **Vous voulez autre chose**[4] **?**
— **Quatre oranges, s'il vous plaît.**

バゲット1本，お願いします．
はい，これでよろしいですか？
フランボワーズのタルトをひとつとチョコレートエクレアをひとつ．
どうぞ，お嬢さん．他には？
これでけっこうです．

すみません，サクランボを250グラム，お願いします．
他になにかご入り用は？
オレンジ4個，お願いします．

1 c'est tout ?「それで全部ですか？」
2 avec ça?「そのほかには？」
3 250 grammes de ...「250グラムの…」，「500グラムの…」は une livre de ...「1キロの…」は un kilo de ...
4 autre chose「他のもの」

Guide —— 食料品店

　街の食料品店で食品を買ってきて，ホテルで食べると経済的ですし，楽しいですね。1週間以上の長期滞在の場合にはコンドミニアム形式のホテルを借りるのもいいと思います。小さなキッチンがついており，食器も用意されていて，自分で料理ができます。

　パン屋はいたるところにあります。一人旅でバゲット一本は多いなと思ったときは，Une demi-baguette, s'il vous plaît.（バゲット半本，お願いします）と言えば，
ユヌドゥミバゲット
バゲットを半分に切って売ってくれます。

　Monoprix とか Prisunic といったスーパーもいろいろな食材があります。ちょ
モノプリ　　　　プリジュニック
っと変わっているのはパック詰めでない野菜や果物があることです。自分で欲しいだけ袋に詰め，専用のはかりに載せ，品物の絵が描いてあるボタンを押すと，重量と値段が印刷された紙が出てきます。それを持ってレジに行けばいいのです。

くり返しましょう

250 (deux cent cinquante) grammes
　　ドゥサン　サンカーント　　　グラム

de cerises, s'il vous plaît.
　ドゥスリーズ　　シルヴプレ

答えましょう（マークしてある部分を下の言葉に言い換えましょう）

— Voilà, Mademoiselle. Et avec ça ?
　ヴォワラ　マドゥモワゼル　エ　アヴェックサ

— C'est tout.
　セ　トゥ

　Trois croissants, s'il vous plaît.（クロワッサン3個，お願いします）
　トロワクロワッサン　　シルヴプレ

　Une livre de fraises, s'il vous plaît.（イチゴ500グラム，お願いします）
　ユヌリーヴル　ドゥフレーズ　　シルヴプレ

10-2 食料品——チーズ屋

Donnez-moi un morceau de brie, s'il vous plaît.
ブリーを一切れ，お願いします

— **Donnez-moi un morceau de[1] brie, s'il vous plaît.**
— **Comme ça[2] ?**
— **Non, un peu moins[3].**
— **Comme ça ?**
— **Oui, très bien.**
— **Et avec ça ? Les crottins de chèvre sont très bons.**
— **Ah oui, je peux sentir ?**
— **Bien sûr, allez-y.**
— **Hum… Ça sent bon.[4]**
Donnez-m'en trois.[5]

ブリーを一切れ，お願いします。
これくらいですか？
いえ，もう少し小さく。
これくらい？
はい，ちょうどいいです。
他には？クロタン・ド・シェーヴルはおいしいですよ。
あら，そう，匂いをかいでいいですか？
もちろんですとも，どうぞ。
うーん，いい匂いだわ。3個ください。

1 un morceau de … 「一切れの …」
2 comme ça 「このような」「こんな感じ」
3 un peu moins 「もう少し小さく」／「もう少し大きく」は un peu plus grand
4 Ça sent bon. 「いいにおいがする」／「臭い」は Ça sent mauvais.
5 Donnez-m'en trois. 「私に en（それを）3つ下さい」

Guide ── チーズ

　フランスには400種類以上のチーズがあるそうです。昔ドゴール大統領は「400種類ものチーズがある国を統治するのは大変だ」と嘆いたとか。多くのフランス人はメインディッシュを食べ終わると，すぐにデザートに行かないで，チーズと赤ワインを楽しみます。

　チーズを使った料理，gratin dauphinois (薄切りにしたジャガイモとチーズのグラタン) はよく付け合わせに出されます。青カビチーズの roquefort はサラダにも使われます。

　Président など大企業が作っているチーズは品質こそ安定しているでしょうが，特色はありません。そんなスーパーの棚に並んでいるものより，街のチーズ屋さんで売っているフレッシュなチーズのほうがずっと味わいがあります。

　ヨーグルトのようなフレッシュチーズ，fromage blanc は，デザートとしてよく食べられます。

くり返しましょう

Donnez-moi un morceau de brie, s'il vous plaît.

答えましょう (マークしてある部分を下の言葉に言い換えましょう)

— Comme ça ?

— Non, un peu moins.

Non, un peu plus grand. (いえ，もう少し大きく)

Oui, très bien. (はい，それでけっこうです)

11-1 ナイトライフ──オペラ座

Je voudrais deux billets pour demain soir.
明日の夜のチケットを2枚とりたいのですが

— **Je voudrais deux billets pour demain soir[1].**
— Oui, quelle catégorie ?
— **La meilleure.**
— Alors, il reste[2] quelques places à l'orchestre[3]. C'est très bien placé[4].
— **Ah oui ? Bon, je prends ça.**
— Vous en voulez deux ?[5]
— **Oui.**
— Alors deux billets, pour demain samedi, le 16 (seize) octobre[6].

明日の夜のチケットを2枚とりたいのですが。
はい，どの席でしょうか？
一番いい席を。
それでしたら，1階席が何枚か残っています。とてもいい席ですよ。
あら，そうですか？それではいただきます。
2枚ですか？
はい。
それでは，明日土曜日，10月16日の席を2枚です。

1 pour demain soir 「明日の夜の」
2 il reste … 「…が残っています」
3 à l'orchestre 「一階席に」
4 très bien placé 「とてもよい席」
5 Vous en voulez deux ? 「あなたは en (それを) 2枚欲しいのですか？」
6 le 16 octobre 「10月16日」，日付は「le 日 月」の語順となる

Guide ── 劇場などのチケットの買い方

　パリの冬は夜が長く，夜明けは8時半，日没が4時ごろと昼の時間がほとんどありません。朝5時には夜が明け，夜の10時近くになっても明るい夏とは別世界です。夏にパリに行けば，長い昼を利用して郊外をじっくり散策するのが楽しいでしょう。しかし冬はコンサートや観劇を楽しむにかぎります。

　パリには19世紀中頃の第二帝政時代に作られた旧オペラ座（Opéra Garnier）と1980年代に完成した新オペラ座（Opéra Bastille）の2つのオペラ座があり，旧オペラ座ではおもにバレー，新オペラ座ではオペラを上演しています。オペラ劇場としての豪華さを味わうには旧オペラ座に行くといいでしょう。旧オペラ座は上演していない昼間に入場料を払って見学することもできますが，やはり観客がいないとわびしいものです。一番安い席なら1000円以下ですから，ぜひ観客として入ることをお勧めします。

　またシャンゼリゼ劇場では25歳以下の人を対象に，コメディ・フランセーズでは年齢に関係なく，開場1時間前に席が残っている場合，50％ほどの割引で切符を購入することができます。

くり返しましょう

43　**Je voudrais deux billets pour demain soir.**
　　　ジュヴドレ　　　　ドゥビエ　　　　プールドゥマンソワール

答えましょう（マークしてある部分を下の言葉に言い換えましょう）

　― Quelle catégorie ?
　　　ケルカテゴリー
　― **La meilleure.**
　　　ラ ムユール
　　 La moins chère.（一番安い席を）
　　　ラ モワン シェール
　　 À l'orchestre.（1階席を）
　　　ア ロルケストル

11-2 ナイトライフ――教会コンサート

Je voudrais réserver des places.
席を予約したいのですが

— **Allô, je voudrais réserver des places pour le concert à l'église Saint-Germain-des-Prés.**
— Oui, quelle date ?[1]
— **Dimanche prochain. Le 23 (vingt-trois) mai. C'est bien pour «Les Quatre Saisons»?**
— Oui, c'est ça. Vous voulez des places numérotées[2] ou non-numérotées ?
— **C'est combien ?**
— Une place numérotée coûte 25 (vingt-cinq) euros, et non-numérotée, 18 (dix-huit) euros.
— **Alors, quatre places numérotées, s'il vous plaît.**

もしもし，サン＝ジェルマン＝デ＝プレ教会のコンサートの席を予約したいのですが。
はい，いつのですか？
次の日曜日。5月23日です。「四季」ですね？
はい，そうです。指定席と自由席がございますが。
いくらですか？
指定席は25ユーロで，自由席は18ユーロです。
それでは，指定席を4枚，お願いします。

1 quelle date ?「どの日付？」→「いつですか？」
2 des places numérotées「番号が振ってある席」→「指定席」

Guide ── 教会コンサート

日本では絶対に味わえないものに教会コンサートがあります。Saint-Germain-des-Prés 教会，Sainte-Chapelle，Saint-Louis-en-l'île 教会などで行われていて，残響の多い音がとてもすてきです。

教会コンサートは各教会の前にポスターが貼ってありますから，それを見て行けばいいでしょう。電話予約するのが確実ですが，悪い席でもよいのなら当日行くと割引券が買えることもあります。

無料の教会コンサートとしては，ノートルダム大聖堂で毎日曜日の夕方17時30分からオルガンコンサート，第4火曜日の20時30分からは合唱があります。Saint-Germain-l'Auxerrois 教会では，毎水曜日14時30分から30分間カリヨンの演奏，Saint-Eustache 教会では，10月から6月まで毎水曜日18時30分から1時間，いろいろなジャンルのコンサートが聴けます。8月以外の毎木曜日12時45分から13時30分まで，La Trinité 教会，毎金曜日の21時からは Américaine 教会でコンサートがあります。

くり返しましょう

Je voudrais réserver des places.
ジュヴドレ　　レゼルヴェ　　　デプラス

答えましょう（マークしてある部分を下の言葉に言い換えましょう）

— Quelle date ?
　ケルダート

— Dimanche prochain.
　ディマンシュ　プロシャン

　Samedi.（土曜日）
　サムディ

　Vendredi.（金曜日）
　ヴァンドルディ

12-1 ショッピングⅢ──婦人服

Je cherche une robe.
ワンピースを探しています

— Je peux vous aider ?
— **Oui, je cherche¹ une robe.**
— Vous voyez, ce modèle est très à la mode² en ce moment.
— **Ah oui, c'est très joli, mais je préfère³ une robe plus courte⁴.**
— Alors, celle-ci, par exemple ?
— **Oui, elle me plaît beaucoup. Je peux l'essayer ?⁵**
— Oui, quelle est votre taille ?
— **38 (trente-huit), je pense.**
— Attendez, je vais la chercher.⁶

なにかお探しでしょうか？
はい，ワンピースを探しています。
いかがでしょう，このタイプは今大流行していますよ。
そうね，とても素敵ですね。でも，もっと短いワンピースが好きなんです。
では，こちらなどいかがでしょう？
こちらのが気に入りました。試着してもいいですか？
はい，サイズはおいくつですか？
38だと思います。
お待ちください，探してまいります。

1 je cherche ... 「…を探しています」
2 à la mode 「流行の」
3 je préfère ... 「…のほうが好きだ」
4 une robe plus courte 「もっと短いワンピース」
5 Je peux l'essayer ? 「私は l'（それ）を試着することができますか？」
6 je vais la chercher. 「私は la（それを）取ってきます」

Guide ── パリのブティック

パリの楽しみは何よりブティックめぐりだと思っている人は多いでしょう。老舗の高級ブランドは Faubourg Saint-Honoré 通りや Montaigne 通りに軒を連ねています。
フォブール　サント　　　モンテーニュ

ウインドショッピングに一押しのおすすめはやはり左岸の Saint-Germain-des-Prés 界隈です。Marais 地区の Francs Bourgeois 通りもはずせません。
サンジェルマン　　　デプレ　　　マレー　　　フラン ブルジョワ

もっと庶民的な感じのお買い物には，Les Halles 周辺や Rivoli 通りがいいですね。ポンピドー・センターの近くには若者向けの革ジャンやジーンズの店などもそろっています。ひたすら安さを追求するのなら，パリのいたるところに出店している格安店 Tati があります。
レアール　　　リヴォリ　　タティ

パリの古着も魅力的です。Montreuil と Vanves の蚤の市（Marché aux Puces）にはたくさんの古着屋があつまっています。常設店としては Clichy 大通りにある Guerrisol が有名です。
モントルーユ　ヴァンヴ　　マルシェ オ ピュス　　　クリシー　ゲリゾル

アウトレットなら14区の Alésia 通りです。サイズがあわないことも多いですが，とにかく安いですね。また最近ディズニーランド・パリの近くにアウトレットのショッピングモールがオープンしました。
アレジア

フランスの女性服のサイズは34＝7号，36＝小さめの9号，38＝大きめの9号，40＝11号となります。

くり返しましょう

Je cherche une robe.
ジュシェルシュ　　ユヌローブ

答えましょう（マークしてある部分を下の言葉に言い換えましょう）

— Ce modèle est très à la mode en ce moment.
　スモデール　　ユ　トレザラモード　　アンスモマン

— Oui, mais je préfère une robe | plus courte.
　ウイ　メ　ジュプレフェール ユヌローブ　　プリュクールト

　　　　　　　　　　　　　　　　plus longue.（もっと長い）
　　　　　　　　　　　　　　　　プリュロング

　　　　　　　　　　　　　　　　plus chic.（もっとシックな）
　　　　　　　　　　　　　　　　プリュシック

12-2 ショッピングIII——ネクタイ

Je cherche un cadeau pour mon père.
父へのプレゼントを探しています

— Vous cherchez quelque chose ?

— **Oui, je cherche un cadeau pour mon père[1].**

— Alors, une cravate par exemple ?

— **Oui, pourquoi pas ?[2]**

— Ce sont des cravates Hermès. Qu'est-ce que vous en pensez ?[3]

— **Elles sont un peu trop voyantes.**

— Alors, Gucci ? Celle-ci est très jolie. Elle ne vous plaît pas ?[4]

— **Si, c'est très chic. Je la prends.**

なにかお探しですか？
はい，父へのプレゼントを探しています。
それでしたら，ネクタイなどいかがでしょうか？
ええ，よろしいですわ。
こちらはエルメスのネクタイになります。いかがでしょうか？
ちょっと派手すぎます。
それでしたら，グッチはいかがですか？こちらはとてもきれいですよ。お気に召しませんか？
いいえ，とてもシックですね。これをいただきます。

1 un cadeau pour mon père 「父へのプレゼント」，「母への」は pour ma mère，「男友達への」は pour un ami，「女友達への」は pour une amie，「カレシへの」は pour mon ami，「カノジョへの」は pour mon amie
2 pourquoi pas ? 「どうしていけないでしょうか？」→「それもいいかな？」
3 Qu'est-ce que vous en pensez ? 「あなたは en（これについて）どうお考えですか？」→「いかがですか？」
4 Elle ne vous plaît pas ? 「それはあなたの気に入りませんか？」

Guide —— おみやげ

おみやげには，ごく日常的な品物で日本では見ないようなものなんかどうでしょう。そうした意味で一番のお勧めはスーパーです。Saint-Germain-des-Prés（サンジェルマン デプレ）でブティックをまわっている合間に，Rennes 通りの（レンヌ） Monoprix（モノプリ） に入ってみましょう。歯ブラシでも変わったものがあります。またデパートの台所用品売り場とか Habitat（アビタ） という生活用品のチェーン店などもゆっくりと見ていると時間の経つのを忘れてしまいます。

化粧品を買うのならパリ中いたるところにあるチェーン店 Marionnaud（マリオノ） がいいと思います。観光客向けではなく，一般のフランス人相手の普通の店です。

フランスのお店ではデパートも含めて，普通商品は簡単な袋に入れるだけです。贈り物にしたいときは，Un paquet-cadeau, s'il vous plaît.（アンパケ カドー シルヴプレ）（プレゼント用包装をお願いします）と言いましょう。

くり返しましょう

Je la prends.
（ジュラプラン）

答えましょう（マークしてある部分を下の言葉に言い換えましょう）

— Vous cherchez quelque chose ?
　（ヴシェルシェ　　ケルクショーズ）

— Oui, je cherche un cadeau **pour mon père.**
　（ウイ　ジュシェルシュ　アンカドー）（プールモンペール）

　　　　　　　　　　　　　　　pour un ami.（男友達のための）
　　　　　　　　　　　　　　　（プールアンナミ）

　　　　　　　　　　　　　　　pour une amie.（女友達のための）
　　　　　　　　　　　　　　　（プールユナミ）

13-1 高級レストラン──注文

Qu'est-ce que vous recommandez ?
何がおすすめですか

50
— Vous avez choisi ?
　　ヴザヴェショワジ
— **Oui, comme entrée, saumon fumé, s'il vous plaît.**
　　ウイ　　コムアントレ　　　ソモン　　フュメ　　シルヴプレ
— Bien[1], et comme plat ?
　　ビアン　エ　コムプラ
— **Qu'est-ce que vous recommandez ?**
　　ケスク　　　　ヴルコマンデ
— Voyons voir…[2] un carré d'agneau, par exemple.
　　ヴォワイオン ヴォワール　アンカレ　ダニョー　　パールエグザンプル
— **Alors, je prendrai un carré d'agneau.**
　　アロール　ジュプランドレ　アンカレ　ダニョー
— Très bien. Et qu'est-ce que vous buvez ?
　　トレビアン　エ　　ケスク　　　ヴビュヴェ
　　Est-ce que je vous appelle le sommelier[3] ?
　　エスク　　　ジュザペル　　　ルソムリエ
— **Oui, s'il vous plaît.**
　　ウイ　　シルヴプレ

お決まりでしょうか？
はい，前菜はスモークサーモンを。
かしこまりました，メインはいかがなさいますか？
何がおすすめですか？
そうですね…。子羊のローストなどはいかがでしょうか。
それでは子羊のローストをお願いします。
わかりました。お飲物は何になさいますか？ソムリエを呼びましょうか？
ええ，お願いします。

1 Bien 「かしこまりました」
2 Voyons voir… 「そうですねえ」
3 je vous appelle le sommelier 「vous（あなたがたのために）ソムリエを呼びます」

Guide ── メニューの選び方

中級以上のレストランに行くと，テーブルにすわれば，carte（メニュー）と
amuse-gueule（お通し）が持ってこられます。
　食前酒を飲みながら，じっくりとメニューを眺めて前菜とメインを決めます。ここでせっかちなウエイターが Vous avez choisi ?（お選びになりましたか）と聞いてきても，まだだと，Non, pas encore.（いいえ，まだです）と言えばにっこりしながら待ってくれます。
　メインが終わると，チーズとデザートを選びます。デザートは日本と比べてびっくりするほど量が多いですから，その分空けておかないと，とても食べきれません。
　sorbet（シャーベット）や glace（アイスクリーム），salade de fruits（フルーツ・サラダ），crème brûlée（クレーム・ブリュレ），crèpe（クレープ）などは軽めですが，tarte（タルト），mousse au chocolat（チョコレート・ムース），profiteroles（シューアイスのホットチョコレートかけ）などはかなり重く，体重計に乗ったとき後悔することもあります。
　デザートの後はコーヒーです。その後，cognac（コニャック），armagnac（アルマニャック）などの digestif（食後酒）で締めくくるのもいいですね。

くり返しましょう

Qu'est-ce que vous recommandez ?

答えましょう（マークしてある部分を下の言葉に言い換えましょう）

— Vous désirez ?

— **Un quart de vin rouge**, s'il vous plaît. （250cc入りの赤ワインをお願いします）

　Appelez-moi le sommelier. （ソムリエを呼んでください）

　Une Évian, s'il vous plaît. （エヴィアンをお願いします）

13-2 高級レストラン——チーズ

L'addition, s'il vous plaît.
お勘定をお願いします

52
— Vous avez terminé ?
— **Oui, on a bien mangé[1]. C'était[2] délicieux.**
— Merci. Vous voulez du fromage ?
— **Hum… Oui, un peu.**
— Je vais vous apporter le plateau de fromages.
— **Et une demi-bouteille de vin rouge.**
— Tout de suite.

— **L'addition, s'il vous plaît.**

おすみでしょうか？
ええ，たっぷりいただきましたわ。美味しかったです。
ありがとうございます。チーズはいかがですか？
ええ…そうですね，少し。
チーズの大皿をお持ちしましょう。
それと赤ワインのハーフボトルをお願いします。
すぐおもちしします。

お勘定をお願いします。

1 on a bien mangé.「よく食べた」食後の決まり文句
2 C'était …「…だった」C'est … の過去形

Guide ── 飲み物とデザート

　前菜とメインを選ぶと，次に飲み物を選びます。普通はワインや水を頼みます（ちゃんとしたレストランでコーラやジュースを飲む人はあまりいませんね）。

　ワインについてはむずかしく考える必要はありません。高級店ではソムリエの言うとおりうなずいておけばいいですし，中級以下の店なら **Cuvée du Patron**（キュヴェ　デュパトロン）（ハウスワイン）とか，**Côtes du Rhône**（コート　デュローヌ）や **Bourgogne**（ブルゴーニュ），**Bordeaux**（ボルドー）の並のものを赤でも白でも自分の好みで注文すればいいのです（魚料理でも赤ワインを頼むフランス人はよく見かけます）。

　その場合の目安は金額です。ワインはだいたい2人で1本たのむというのが基準になっています。そこで，一人分の料理代金と同じぐらいの金額のワインを一本とると考えておけばまず間違いありません。つまり25ユーロのコース料理を食べるのなら，25ユーロぐらいのワインをたのみ，勘定は，2人で合計75ユーロ，チップに5ユーロぐらい置くとして，だいたい80ユーロぐらいになると見当をつければいいでしょう。

　水は普通 **eau minérale**（オーミネラル）（ミネラル・ウォーター）を注文します。フランス人は **gazeuse**（ガズーズ）（炭酸入り）が好きですが，日本人は慣れていないせいか **plate**（プラット）（炭酸なし）のほうを好むようです。

くり返しましょう

53　**L'addition, s'il vous plaît.**
　　　ラディシオン　　　　　シルヴプレ

答えましょう（マークしてある部分を下の言葉に言い換えましょう）

— Vous avez terminé ?
　　ヴザヴェ　テルミネ

— Oui, on a bien mangé.
　　ウイ　オンナビアンマンジェ

　 Oui, c'était délicieux.（はい，おいしかったです）
　　ウイ　セテ　デリシユー

　 Non, pas encore.（いえ，まだです）
　　ノン　パアンコール

14-1 帰国——ホテルのチェックアウト

Ma note, s'il vous plaît.
会計をお願いします

54 — **Bonjour, Monsieur, ma note, s'il vous plaît.**
　　ボンジュール　ムシュー　マノート　シルヴプレ
— Oui, quel est votre numéro de chambre ?
　ウイ　ケレ　ヴォットルニュメロ　ドゥシャンブル
— **547 (cinq cent quarante-sept).**
　　サンサン　カラントセット
— Vous avez utilisé le mini-bar ?
　ヴザヴェユティリゼ　ルミニバール
— **Oui, j'ai pris¹ une bouteille d'eau.**
　　ウイ　ジェプリ　ユヌブテーユ　ドー
— D'accord. Attendez un moment. Voilà votre facture.
　ダコール　アタンデ　アンモマン　ヴォワラヴォットルファクテュール
— **Voilà ma carte de crédit. Vous pouvez appeler**
　　ヴォワラマカルト　ドゥクレディ　ヴプヴェ　アプレ
　un taxi ?
　アンタクシー
— Bien sûr. Il arrive dans dix minutes².
　ビアンシュール　イラリーヴ　ダンディミニュット

すみません，会計をお願いします。
はい，お部屋番号はいくつでしょう？
547号室です。
ミニバーはお使いですか？
はい，水を1本飲みました。
わかりました。しばらくお待ちください。こちらが請求書でございます。
これがわたしのクレジットカードです。
タクシーを呼んでもらえますか？
かしこまりました。10分後にまいります。

1 j'ai pris...「…を飲んだ」prendre の過去形
2 dans dix minutes「10分後に」

56

Guide ── チェックアウトから空港まで

　ホテルのチェックアウトはミニバー，電話代，有料テレビなどの清算をするだけです。チェックアウトは通常午前11時以前にしなければならないことになっています。帰りの飛行機が夜便だったりすると，空港に行くまでに観光する時間があります。そんな場合荷物はホテルに預けておくことができます。

　パリ市内のホテルから Charles-de-Gaulle 空港まではタクシーが便利です。Porte Maillot 発の Air France バス，オペラ座裏《アメリカン・エクスプレス》横から出る Roissy Bus，あるいは RER も使うことができますが，タクシーを使っても40から50ユーロ（日本円で5千円から6千円）です。バスや RER だと10ユーロ程度ですから，大きな荷物のことを考えると … 。

　シャルル・ドゴール空港には Aérogare 1（ターミナル1）と Aérogare 2（ターミナル2）があり，日本行きの Air France と日本航空は Aérogare 2 から出ています。全日空は Aérogare 1 です。

くり返しましょう

Ma note, s'il vous plaît.

答えましょう（マークしてある部分を下の言葉に言い換えましょう）

— Vous avez utilisé le mini-bar ?

— Oui, j'ai pris une bouteille d'eau.

　Oui, j'ai pris deux bières. （はい，ビール2本飲みました）

　Non, je n'ai rien pris. （いいえ，何も飲んでいません）

14-2 帰国——チェックイン

Pouvez-vous me donner une place côté couloir ?
通路側の席をお願いできますか

56 — Votre billet d'avion et votre passeport, s'il vous plaît.
— **Les voilà.**
— Vous voulez une place côté couloir ou côté fenêtre ?
— **Pouvez-vous me donner une place côté couloir ?**
— D'accord. Voilà votre carte d'embarquement, porte F 22. L'embarquement commence à 22H30.
— **Où est la douane, s'il vous plaît ?**

航空券とパスポートをお願いします。
どうぞ，これです。
通路側の席がよろしいですか，それとも窓側がよろしいですか？
通路側の席をお願いできますか？
わかりました。こちらが搭乗券です。F22番ゲートになります。搭乗は22時30分から始まります。
税関の場所を教えてください。

Guide —— 空港で

　空港では表示は英語とフランス語が使われていますから，まず迷うことはありません。しかし一応フランス語の用語も覚えていた方がいいでしょう。(cf. P.72)
　マイレージを利用しているのなら，ポイントがちゃんと登録されているかどうかも確認しておきましょう。
　チェックインで一番問題になるのはスーツケースの重量です。エコノミークラスの場合，規定では20キロ以下です。団体客の場合にはツアー全体で計算するようなので，少々オーバーしても大丈夫なようですが，個人旅行の場合にはかなり厳しく，30キロを超えたりすると高額の追加料金が課されます。
　フランスの空港ではチェックインの際にいろいろ聞かれることはありません。パスポートと搭乗券を渡せばそれで終わりです。チェックインが終わりパスポートコントロールもすむと，後は待合室（salle d'attente）でのんびり飲み物でも飲んだり，免税店で最後のショッピングを楽しむだけです。

くり返しましょう

57　**Pouvez-vous me donner une place côté couloir ?**
　　　ブヴェヴ　　　　ムドネ　　　　ユヌプラス　　コテ　　クロワール

答えましょう（マークしてある部分を下の言葉に言い換えましょう）

— Vous voulez une place côté couloir ou côté fenêtre ?
　　ヴレ　　　　ユヌプラス　コテ　クロワール　ウ　コテ　フネートル

— Côté couloir（通路側の席），s'il vous plaît.
　　コテ　クロワール

　　Côté fenêtre（窓際の席），
　　コテ　フネートル

旅の実用ガイド

● 両　替

　フランスは日本以上にカード使用が普及しています。千円から二千円以上の支払いなら，たいていはクレジットカードでできますし，スーパーマーケットでも使えることが多いのです。ホテルやショッピングの支払いなどはクレジットカードでするのが一番いいでしょう。

　また最近では，日本の大手銀行が発行している国際バンクカードを使えば，パリの町中にあるキャッシュディスペンサーで簡単にお金をおろすことができます。ですから両替は，当座必要なタクシー代など（2，3万円ぐらい）を日本出国時にユーロに替えておくぐらいでいいでしょう。現地で円を両替するのは現地の事情に通じている人以外はお勧めできません（交換レートが悪いことが多い）。

● チップ

　外国旅行で頭を悩ませることの一つがチップです。しかし，あまり難しく考えることはありません。タクシーやカフェではお釣りの小銭を渡すぐらいでけっこうです。

　レストランでは，サービスがいいと思えば少し大目に，まあこんなものかと思ったのなら少しだけ，ひどいサービスだ，こんな店には二度と来るものかと思えば，そういう気持ちの表現として，チップを払わなければいいのです。チップというのは店のサービスに対する客の評価を表すものなのです。チップの相場はだいたい代金の5％から10％程度と言われています。

　レストランでクレジットカードで支払う場合でも，チップとして小銭を添えて渡すフランス人が多いようです。ホテルでは荷物を運んでもらったときなど1ユーロコイン程度をさりげなく渡せばいいでしょう。以前は枕銭を置くことが多かったですが，最近は必要ないホテルも増えています。ショッピングではチップはいりません。

2 euros　　　1 euro　　　50 centimes

● トイレ

　日本と違ってフランスではトイレを探すのに苦労します。町中にコイン式のトイレをよく見かけますが，故障していることが多いですし，コインを持っていなければ使えません。地下鉄の駅にはトイレは無いと思っておいたほうがよく，デパートも分かりにくい場所にあります。

　美術館など観光地にはありますが，無料のところと有料のところがあり，トイレ用の小銭を用意しておいた方がいいでしょう。

　パリ市内を歩いているときに一番簡単に使えるのはカフェのトイレです。たいてい店の奥の地下にあります。

● タクシー

　パリ市内ではタクシーが安くて便利です。日本と同じように流しのタクシーが走っていて，通りで手を挙げればとまってくれます。ただ近くにタクシー乗り場があるときにはとまってくれません。

　タクシーは後部座席が乗客用で，助手席にはお客を乗せなくていいことになっています。ですから1台に3人までが原則だと思っておきましょう。

● 地下鉄・バス

　パリ市内の公共交通機関は均一料金です。地下鉄の窓口で Un carnet, s'il vous plaît.（アンカルネ シル ヴプレ）（回数券お願いします）と言えば，10枚切符が買えます。これで，地下鉄もバスも10回乗れます。距離は関係ありません。1週間以上滞在するなら carte orange という定期のような切符も使えます。

　ヴェルサイユやディズニーランド・パリなど郊外に行く場合は，距離によって値段が違います。日本のように乗り越し清算はできないので，乗るときに行き先までの切符を買う必要があります。

● ショッピング

　支払いは Caisse（ケス）（レジ）でするのが原則とおぼえておきましょう。店員に品物と代金を渡して待っているという日本式の方法はまずありません。

　商品を Caisse まで持っていって，そこで支払い，商品を受け取るという場合と，売り場で店員から商品の名前と代金を書いた紙をもらい，それを Caisse に持っていって，支払い，領収書をもらって，売り場に戻り，領収書を店員に見せ

て，商品を受け取るという場合があります。

● 食　事

　レストランでは「前菜，メイン，デザート」のコースを食べるのがルールです。「前菜，メイン」あるいは「メイン，デザート」というコースはありますが，単品だけを注文するということはできません。しかも一般的にフランスのレストランは量が多く，毎食レストランで食べていたら胃がやられてしまいます。

　単品と飲み物ですませたいときはカフェに行くことです。サラダ，オムレツなどといった料理に必ずパンが付いていますから，十分充実した食事になります。テイクアウトの店もたくさんあります。

● 緊急時

　パリの治安は一般的にいいですが，観光地などには観光客目当てのスリや泥棒はいます。財布には取られてもいいと思える程度の現金だけを入れておくようにしましょう。取られたら保険金だと思って諦めるぐらいの気持ちでいることです。

　クレジットカードが盗まれた場合は，緊急に支払い停止手続きをしなければなりません。そのための連絡先，クレジットカード番号はきっちりとメモしておきましょう。

　泥棒などにおそわれたときは，日本語でいいですから，「泥棒！」とか「助けて！」とか，大声で叫ぶことです。きっと誰かが助けてくれます（夜，人気のないところには行かないこと）。

　旅の疲れで病気になったときなど，ホテルで休んでいれば治ることがほとんどです。体調が悪いときには J'ai mal.（調子が悪いです）と言うぐらいで通じます。
　重大な病気や怪我の場合には日本語が通じる医師がいる病院に行くしかないでしょう。海外旅行傷害保険やクレジットカードのサービスで契約している病院をあらかじめチェックしておいたほうがいいですね。

旅のノート　Carnet de voyage

旅行関連単語集

カフェ（café）

飲み物

café（コーヒー）
カフェ

thé（紅茶）
テ

lait（ミルク）
レ

coca（コカコーラ）
コカ

citron pressé（生のレモンジュース）
シトロン プレセ

eau minérale（ミネラル・ウォーター）
オー ミネラル

crème（カフェ・クレーム，ミルク・コーヒー）
クレーム

chocolat（ココア）
ショコラ

jus de fruit（フルーツ・ジュース）
ジュ ドゥ フリュイ

orangina（商品名で，炭酸入りオレンジ飲料）
オランジーナ

orange pressée（生のオレンジジュース）
オランジュ プレセ

アルコール

bière（瓶ビール）
ビエール

demi（250ccの生ビール）
ドゥミ

tango（ザクロシロップをビールで割ったもの）
タンゴ

monaco（ザクロシロップをくわえたパナシェ）
モナコ

pression（生ビール）
プレシオン

panaché（レモネード割りのビール）
パナシェ

軽 食

sandwich au jambon（ハムサンド）〔au jambon cru（生ハムサンド），au fromage
サンドイッチ オジャンボン　　　　　　　　オジャンボン クリュ　　　　　　　　オフロマージュ

（チーズサンド），aux rillettes（リエットサンド），aux crudités（生野菜サンド）〕
　　　　　　　　オリエット　　　　　　　　　　　オクリュディテ

omelette nature（プレーンオムレツ）〔au fromage（チーズ入りオムレツ），
オムレット ナテュール　　　　　　　　　オフロマージュ

aux champignons（マッシュルーム入りオムレツ）〕
オシャンピニョン

salade *verte* (生野菜のサラダ)〔*composée* (コンビネーションサラダ), *niçoise* (ニース風サラダ),
サラッド ヴェールト　　　　　　　　　　　コンポゼ　　　　　　　　　　　　　　　ニソワーズ
　　russe (ロシア風サラダ:茹で野菜をマヨネーズであえたもの), *forestière* (キノコ入りサラダ),
　　リュッス　　　　　　　　　　　　　　　　　　　　　　　　　　　フォレスティエール
　　de tomates (トマトサラダ), *au roquefort* (ロックフォールチーズ入りサラダ)〕
　　ドゥトマット　　　　　　　　　オロックフォール

croque-monsieur (食パンにハムとチーズを載せてオーブンで焼いたもの),
クロック ムシュー

croque-madame (クロック・ムシューに目玉焼きを足したもの), frites (フライドポテト)
クロック マダム　　　　　　　　　　　　　　　　　　　　　フリット

レストラン (restaurant)

réservation (予約), addition (勘定)
レゼルヴァシオン　アディシオン

serveur (ウエイター), serveuse (ウエイトレス), cuisinier (コック),
セルヴール　　　　　　セルヴーズ　　　　　　　　　　キュイジニエ

sommelier (ソムリエ), maître d'hôtel (支配人)
ソムリエ　　　　　　メートル ドテル

cuisine *française* (フランス料理)〔*italienne* (イタリア料理),
キュジーヌ フランセーズ　　　　　　イタリエンヌ
　　chinoise (中華料理), *japonaise* (日本料理)〕
　　シノワーズ　　　　　　ジャポネーズ

食 器

fourchette (フォーク)　　couteau (ナイフ)　　cuillère (スプーン)
フルシェット　　　　　　　　クトー　　　　　　　　キュイエール

serviette (ナプキン)　　verre (グラス)　　　assiette (取り皿)
セルヴィエット　　　　　　ヴェール　　　　　　　アシエット

plat (大皿；メインディッシュ)
プラ

65

料理

carte（メニュー）, plat du jour（本日のおすすめ料理）, menu（コース料理）
カルト　　　　　　　プラ デュ シュール　　　　　　　　　　　ムニュ

entrée（前菜）：
アントレ

soupe（スープ）　　　　　　　salade（サラダ）
スープ　　　　　　　　　　　　サラッド

terrine（テリーヌ）　　　　　　escargots（エスカルゴ）
テリーヌ　　　　　　　　　　　エスカルゴ

foie gras（フォワグラ）　　　　saumon fumé（スモーク・サーモン）
フォワグラ　　　　　　　　　　ソモン フュメ

huîtres（カキ）
ユイートル

plat（メイン）：
プラ

viande（肉）
ヴィアンド

bœuf（牛）, veau（仔牛）, agneau（仔羊）, poulet（若鶏）, volaille（鶏）,
ブフ　　　　ヴォー　　　　アニョー　　　　　プーレ　　　　ヴォラーユ

canard（鴨）, foie de veau（仔牛のレバー）, ris de veau（仔牛の胸腺）, steak（ステーキ）
カナール　　　フォワ ドゥ ヴォー　　　　　　リ ドゥ ヴォー　　　　　　ステック

poisson（魚）
ポワソン

thon（マグロ）, loup / bar（スズキ）, sole（舌平目）, saumon（サーモン）,
トン　　　　　ルー　　バール　　　　　ソール　　　　　ソモン

rouget（ヒメジ）, daurade（タイ）, lotte（アンコウ）, sandre（川カマス）,
ルジェ　　　　　　ドラド　　　　　　ロット　　　　　　サンドル

turbot（カレイ）, morue / cabillaud（タラ）, hareng（ニシン）, huître（カキ）,
テュルボ　　　　　モリュ　　カビヨー　　　　　アラン　　　　　ユイートル

moule（ムール貝）, saint-jacques（ホタテ貝）, crabe（カニ）, crevette（エビ）,
ムール　　　　　　サンジャック　　　　　　　クラブ　　　　　クルヴェット

homard（オマール・エビ）, écrevisse（ザリガニ）
オマール　　　　　　　　　　エクルヴィス

調理法

rôti（オーブンでロースト）, grillé（網焼き）, sauté（フライパンでソテー）
ロティ　　　　　　　　　　　グリエ　　　　　　ソテー

braisé（蒸し焼き）, poêlé（蒸し煮）, fricassé（クリーム煮）, poché（茹でた）
ブレゼ　　　　　　　ポワレ　　　　　フリカセ　　　　　　　ポシェ

à la vapeur（蒸した）
アラ ヴァプール

saignant（レア）, à point（ミディアム）, bien cuit（ウェルダン）
セニャン　　　　　アポワン　　　　　　ビアンキュイ

ワイン

vin *rouge* (赤ワイン)〔*blanc* (白ワイン), *rosé* (ロゼワイン)〕
ヴァン ルージュ　　　　　ブラン　　　　　　　ロゼ

grand vin (有名産地の高級ワイン), petit vin (並のワイン), vin fin (上等なワイン),
グランヴァン　　　　　　　　　　　ヴァンファン　　　　　　　　ヴァンファン

vin vieux (年代物のワイン), vin nouveau (新酒), vin jeune (味の若いワイン),
ヴァン ヴィユ　　　　　　　ヴァン ヌヴォー　　　　ヴァン ジューヌ

vin mousseux (スパークリングワイン)
ヴァン ムスー

fruité (フルーティーな), doux (甘口の), sec (辛口の), corsé (こくのある),
フリュイテ　　　　　　　　ドゥー　　　　セック　　　　コルセ

équilibré (バランスがとれた), frais (さわやかな), mou (気が抜けた),
エキリブレ　　　　　　　　　　フレ　　　　　　　　ムー

léger (軽い), lourd (重い)
レジェ　　　　ルール

champagne (シャンパン), cidre (リンゴ酒)
シャンパーニュ　　　　　　シードル

apéritif (食前酒) — martini (マーティニ), xérès (シェリー), scotch (スコッチウイスキー),
アペリティフ　　　　　マルティニ　　　　　　　　グゼレス　　　　　　　スコッチ
　porte (ポートワイン)
　ポルト

digestif (食後酒) — cognac (コニャック地方産のブランデー),
ディジェスティフ　　　　コニャック
　armagnac (アルマニャック地方産のブランデー), calvados (リンゴのブランデー),
　アルマニャック　　　　　　　　　　　　　　　　　カルヴァドス
　marc (ブドウの絞りかすでつくるブランデー)
　マール

チーズ (fromage)
　　　　　　フロマージュ

ソフトタイプ (白カビタイプ)：camenbert, brie, neufchâtel
　　　　　　　　　　　　　　　カマンベール　ブリ　ヌフシャテル

　　　　　(ウォッシュタイプ)：pont-l'évêque, livarot, munster, reblochon
　　　　　　　　　　　　　　　ポンレヴェック　　リヴァロ　マンステール　ルブロション

セミ・ハードタイプ (青カビタイプ)：roquefort, tomme de Savoie,
　　　　　　　　　　　　　　　　　ロックフォール　トム ド サヴォワ
　　　　　　　　　　　　　　　　Saint-Nectaire
　　　　　　　　　　　　　　　　サン ネクテール

ハードタイプ：emmenthal, cantal, comté
　　　　　　　エマンタル　　カンタル　コンテ

デザート (dessert)
デセール

sorbet（シャーベット）
ソルベ

crème-caramel（プリン）
クレームカラメル

crêpe（クレープ）
クレープ

gâteau（ケーキ）
ガトー

glace（アイスクリーム）
グラース

tarte（タルト）
タルト

食品

調味料など

sel（塩）
セル

moutarde（マスタード）
ムタルド

confiture（ジャム）
コンフィチュール

jambon（ハム）
ジャンボン

saucisson（サラミソーセージ）
ソシソン

sucre（砂糖）
シュークル

vinaigre（酢）
ヴィネーグル

lait（ミルク）
レ

saucisse（ウインナソーセージ）
ソシス

lard fumé（ベーコン）
ラール フュメ

poivre（コショウ）
ポワーヴル

beurre（バター）
ブール

yaourt（ヨーグルト）
ヤウール

légumes（野菜）
レギューム

tomate（トマト）
トマット

pomme de terre（ジャガイモ）
ポム ドゥテール

champignon（シャンピニオン）
シャンピニョン

avocat（アボカド）
アヴォカ

oignon（タマネギ）
オニヨン

haricot（インゲン）
アリコ

chou（キャベツ）
シュー

crudités（生野菜）
クリュディテ

carotte（ニンジン）
カロット

concombre（キュウリ）
コンコンブル

laitue（レタス）
レテュ

fruits（果物）
フリュイ

orange（オレンジ）
オランジュ

pomme（リンゴ）
ポム

pamplemousse（グレープフルーツ）
パンプルムース

ananas（パイナップル）
アナナ

melon（メロン）
ムロン

fraise（イチゴ）
フレーズ

pêche（モモ）
ペーシュ

cerise（サクランボ）
スリーズ

citron（レモン）
シトロン

banane（バナナ）
バナーヌ

raisin（ブドウ）
レザン

marron（クリ）
マロン

châtaigne（クリ）
シャテーニュ

grenade（ザクロ）
グルナード

poire（洋ナシ）
ポワール

abricot（アプリコット）
アブリコ

figue（イチジク）
フィーグ

pastèque（スイカ）
パステック

mangue（マンゴー）
マング

pain（パン）

baguette（バゲット）
バゲット

croissant（クロワッサン）
クロワッサン

pain parisien（パン・パリジャン）
パン　パリジャン

pain de campagne（田舎パン）
パン　ドゥカンパーニュ

bâtard（バタール）
バタール

pain de mie（トースト用食パン）
パン　ドゥミー

店

épicerie（食料品店）
エピスリー

charcuterie（豚肉店，ハム，ソーセージなども売る）
シャルキュトリー

boucherie（牛肉店）
ブシュリー

fromagerie（チーズ屋）
フロマジュリー

boulangerie（パン屋）
ブランジュリー

pâtisserie（ケーキ屋）
パティスリー

petit déjeuner（朝食）
プティ デジュネ

déjeuner（昼食）
デジュネ

dîner（夕食）
ディネ

ホテル (hôtel)

réception (フロント)
レセプシオン

réceptionniste (フロント係)
レセプシオニスト

caisse (会計)
ケス

caissier (男性会計係)
ケシエ

caissière (女性会計係)
ケシエール

porteur (ポーター)
ポルトゥール

chasseur (ドアマン)
シャスール

ascenseur (エレベーター)
アサンスール

escalier (階段)
エスカリエ

sortie de secours (非常口)
ソルティ　ドゥスクール

部　屋

clef(clé) (鍵), numéro de chambre (部屋番号)
クレ　　　　　　ニュメロ　ドゥシャンブル

chambre à un lit (シングルルーム)〔à deux lits (ツイン),
シャンブル　アアンリ　　　　　　　　アドゥリ

avec un grand lit (ダブル)〕
アヴェッカングランリ

chambre avec bains (バス付きの部屋)〔avec douche (シャワーつき),
シャンブル アヴェックバン　　　　　　　アヴェックドゥーシュ

avec WC (トイレつき)〕, suite (スイートルーム)
アヴェックヴェーセー　　　　シュイット

サービス

service dans la chambre (ルームサービス)
セルヴィス　　ダンラシャンブル

lavage (洗濯)
ラヴァージュ

réveil (モーニングコール)
レヴェイユ

設　備

climatisation (エアコンディショニング)
クリマティザシオン

chauffage (暖房)
ショファージュ

télévision (テレビ)
テレヴィジオン

téléphone (電話)
テレフォヌ

réfrigérateur (冷蔵庫)
レフリジェラトゥール

chaise (椅子)
シェーズ

divan (ソファ)
ディヴァン

lit (ベッド)
リ

table (テーブル)
ターブル

bureau (デスク)
ビュロー

rideau (カーテン)
リドー

coffre-fort (セーフティボックス)
コッフル フォール

備 品

serviette（タオル）
セルヴィエット

baignoire（バスタブ）
ベニョワール

savon（石けん）
サヴォン

après-shampooing（リンス）
アプレシャンポワン

peigne（くし）
ペーニュ

brosse à dents（歯ブラシ）
ブロス　ア ダン

couverture（毛布）
クーヴェルテュール

serviette de bain（バスタオル）
セルヴィエット　ドゥバン

peignoir de bain（バスローブ）
ベニョワール　ドゥバン

shampooing（シャンプー）
シャンポワン

rasoir（かみそり）
ラゾワール

sèche-cheveux（ドライヤー）
セッシュシュヴー

drap（シーツ）
ドラ

oreiller（まくら）
オレイエ

支払い

prix（値段）
プリ

change（両替）
シャンジュ

carte bancaire（キャッシュカード）
カルト バンケール

facture（請求書）
ファクテュール

argent（お金）
アルジャン

carte de crédit（クレジットカード）
カルト ドゥクレディ

reçu（領収書）
ルシュ

espèce, liquide（現金）
エスペース　リキッド

5 euros

50 euros

10 euros

100 euros

交通

métro（地下鉄）
メトロ

bus（バス）
ビュス

taxi（タクシー）
タクシー

train（列車）
トラン

station（地下鉄の駅）
スタシオン

arrêt（バス停）
アレ

gare（列車の駅）
ガール

T.G.V.（フランス新幹線）
テージェーヴェー

guichet（窓口）
ギシェ

ticket（切符）
ティケ

carnet（回数券10枚）
カルネ

mobilis（1日乗り放題の切符）
モビリス

coupon hebdomadaire（月曜日から日曜日までの定期券）
クーポン　エブドマデール

carte orange（1ヵ月有効の定期券）
カルト　オランジュ

correspondance（乗り換え）
コレスポンダンス

ligne（路線）
リーニュ

arrêt d'autobus（バス停）
アレ　ドートビュス

bouton d'arrêt（停車ブザー）
ブトン　ダレ

Vous descendez ?（「降りますか？」）
ヴデサンデ

Arrêt demandé.（「この次停車」ボタンを押すとでる停車表示）
アレ　ドゥマンデ

POUSSEZ, S.V.P.（押してください）
プセ

TIREZ, S.V.P.（引いてください）
ティレ

(s.v.p.はs'il vous plaîtの略)

空港 (aéroport)
アエロポール

avion（飛行機），enregistrement（チェックイン＝check-in）
アヴィオン　　　　アンルジストルマン

embarquement（搭乗＝boarding），porte（ゲート＝gate），
アンバルクマン　　　　　　　　　ポルト

vol（フライト便＝flight）
ヴォル

billet d'avion（航空券＝air ticket）
ビエ　ダヴィオン

carte d'embarquement（搭乗券＝boarding card）
カルト　ダンバルクマン

観光

映画・芝居・コンサート

cinéma（映画館）
シネマ

théâtre（劇場）
テアトル

film（映画作品）
フィルム

spectacle（出し物）
スペクタクル

programme（プログラム，パンフレット）
プログラム

opéra（オペラ）
オペラ

ballet（バレー）
バレ

concert（コンサート）
コンセール

comédie musicale（ミュージカル）
コメディ ミュジカル

matinée（昼の部）
マティネ

soirée（夜の部）
ソワレ

billet（チケット）
ビエ

guichet（切符売り場）
ギシェ

place（席）
プラス

entrée（入口；入場料）
アントレ

sortie（出口）
ソルティ

hall（ロビー）
オール

ouvreuse（案内係）
ウーヴルーズ

美術館

musée（美術館，博物館）
ミュゼ

exposition（展覧会）
エクスポジシオン

tableau（絵）
タブロー

heure d'ouverture（開館時間）
ウール ドゥヴェルテュール

heure de fermeture（閉館時間）
ウール ドゥフェルムテュール

information（案内所）
アンフォルマシオン

vestiaire（手荷物預かり所）
ヴェスティエール

toilettes（トイレ）
トワレット

sens de visite（順路）
サンス ドゥヴィジット

accès interdit（立入禁止）
アクセ アンテルディ

carte musées（美術館パス）
カルト ミュゼ

brochure（パンフレット）
ブロシュール

carte postale（絵はがき）
カルト ポスタル

enveloppe（封筒）
アンヴロップ

souvenir（おみやげ）
スヴニール

livre（本）
リーヴル

appareil-photo（カメラ）
アパレーユ フォト

pellicule（フイルム）
ペリキュル

pile（電池）
ピル

ツアー

excursion（ツアー）
エクスキュルシオン

car（観光バス）
カール

guide（ガイド）
ギッド

chauffeur（運転手）
ショフール

parking（駐車場）
パルキング

japonais（日本語）
ジャポネ

anglais（英語）
アングレ

街中

vieille ville（旧市街）
ヴィエイユヴィル

centre-ville（中心街）
サントル ヴィル

cathédrale（大聖堂）
カテドラル

église（教会）
エグリーズ

château（城，館）
シャトー

tour（塔）
トゥール

mairie（市町村役場）
メリー

hôtel de ville（市庁舎）
オテル ドゥヴィル

jardin（公園，庭）
ジャルダン

fontaine（噴水）
フォンテーヌ

place（広場）
プラス

rue（通り）
リュ

pont（橋）
ポン

ショッピング

服

robe（ワンピース，ドレス）
ローブ

veste（ジャケット）
ヴェスト

chemisier（ブラウス）
シュミジエ

gilet（ベスト）
ジレ

chapeau（帽子）
シャポー

tailleur（テーラード・スーツ）
タイユール

short（ショートパンツ）
ショルト

jupe（スカート）
ジュップ

chemise（男物のシャツ）
シュミーズ

manteau（コート）
マントー

T-shirt（Tシャツ）
ティーシュルト

costume（スーツ）
コステューム

blue-jean（ブルージーン）
ブルージーン

caleçon（スパッツ）
カルソン

pantalon（スラックス）
パンタロン

pull(-over)（セーター）
ピュル オヴェール

sous-pull（カットソー）
スーピュル

小物

cravate（ネクタイ）
クラヴァート

portefeuille（財布）
ポルトフーユ

porte-clés（キーホルダー）
ポルトクレ

moufle（ミトン）
ムッフル

ceinture（ベルト）
サンテュール

porte-monnaie（小銭入れ）
ポルトモネ

écharpe（マフラー）
エシャルプ

mouchoir（ハンカチ）
ムショワール

foulard（スカーフ）
フラール

gants（手袋）
ガン

下着

chaussette（ソックス）
ショセット

bas（ストッキング）
バ

soutien-gorge（ブラジャー）
スーティアンゴルジュ

caleçon（トランクス）
カルソン

socquette（短いソックス）
ソケット

collant（パンティストッキング）
コラン

slip（女性用パンティ・男性用ブリーフ）
スリップ

maillot de corps（アンダーシャツ）
マイヨ ドゥ コール

アクセサリー

collier （ネックレス）
コリエ

boucles d'oreilles （イアリング）
ブークル　ドレイユ

boucles pour oreilles percées （ピアス）
ブークル　プロレイエ　ペルセ

pendentif （ペンダント）
パンダンティフ

bague （指輪）
バーグ

bracelet （ブレスレット）
ブラスレ

broche （ブローチ）
ブローシュ

montre （腕時計）
モントル

lunettes de soleil （サングラス）
リュネット　ドゥソレイユ

バッグ・靴

sac à main （ハンドバッグ）
サッカマン

sac à dos （リュックサック）
サッカド

sac de voyage （ボストンバッグ）
サック　ドゥヴォワイヤージュ

serviette （ブリーフケース）
セルヴィエット

chaussures （靴）
ショシュール

bottes （ブーツ）
ボット

hauts talons （ハイヒール）
オ　タロン

escarpins （パンプス）
エスカルパン

mules （ミュール）
ミュール

化粧品

rouge （口紅）
ルージュ

vernis à ongles （マニキュア）
ヴェルニ　アオングル

parfum （香水）
パルファン

eau de toilette （オー・ド・トワレ）
オー　ドゥトワレット

fard / poudre （白粉）
ファール　プードル

fard à paupières （アイシャドー）
ファール　アポピエール

fond de teint （ファンデーション）
フォン　ドゥタン

crème démaquillante （クレンジング・クリーム）
クレーム　デマキアーント

mascara （マスカラ）
マスカラ

lait de beauté （乳液）
レ　ドゥボテ

lait de toilette （ローション）
レ　ドゥトワレット

crayon à sourcils （アイブロー・ペンシル）
クレイヨン　アスールシ

faux cils （つけまつげ）
フォシル

サイズ・色・素材

サイズ

taille（服のサイズ）
ターユ

pointure（靴のサイズ）
ポワンテュール

grand（大きい）
グラン

petit（小さい）
プティ

léger（軽い）
レジェ

lourd（重い）
ルール

pratique（実用的な）
プラティック

juste（ちょうどいい）
ジュスト

large（ゆるい）
ラルジュ

serré（きつい）
セレ

色

noir（黒）
ノワール

blanc（白）
ブラン

gris（グレー）
グリ

rouge（赤）
ルージュ

jaune（黄色）
ジョーヌ

bleu（青）
ブルー

vert（緑色）
ヴェール

beige（ベージュ）
ベージュ

rose（ピンク）
ローズ

orange（オレンジ）
オランジュ

marron（マロン）
マロン

violet（紫）
ヴィオレ

素材

or（金）
オール

argent（銀）
アルジャン

plaqué or（金メッキ）
プラケ オール

platine（プラチナ）
プラティーヌ

coton（コットン）
コトン

laine（ウール）
レーヌ

lin（麻）
ラン

soie（絹）
ソワ

数　字

1 un, une
　アン　ユヌ
2 deux
　ドゥ
3 trois
　トロワ
4 quatre
　カトル
5 cinq
　サンク
6 six
　シス
7 sept
　セット
8 huit
　ユイット
9 neuf
　ヌフ
10 dix
　ディス

11 onze
　オーンズ
12 douze
　ドゥーズ
13 treize
　トレーズ
14 quatorze
　カトールズ
15 quinze
　カーンズ
16 seize
　セーズ
17 dix-sept
　ディスセット
18 dix-huit
　ディスユイット
19 dix-neuf
　ディズヌフ
20 vingt
　ヴァン

21 vingt et un　22 vingt-deux　23 vingt-trois ...
　ヴァンテアン　　　ヴァントドゥ　　　ヴァントトロワ
30 trente　31 trente et un　32 trente-deux ...
　トラント　　トランテアン　　　トラントドゥ
40 quarante　50 cinquante　60 soixante
　カラント　　　サンカント　　　スワサント
70 soixante-dix　71 soixante et onze　72 soixante-douze ...
　スワサントディス　スワサンテオーンズ　　スワサントドゥーズ
80 quatre-vingts　81 quatre-vingt-un　82 quatre-vingt-deux
　カトルヴァン　　　カトルヴァンアン　　　カトルヴァンドゥ
90 quatre-vingt-dix　91 quatre-vingt-onze　92 quatre-vingt-douze ...
　カトルヴァンディス　　カトルヴァンオーンズ　　カトルヴァンドゥーズ
100 cent　101 cent un ...　200 deux cents　201 deux cent un ...
　サン　　　サンアン　　　　ドゥサン　　　　ドゥサン　アン
1000 mille　2000 deux mille
　ミル　　　　ドゥミル

1ユーロから10ユーロ

un euro,　deux euros,　trois euros,　quatre euros,　cinq euros,
アンヌーロ　ドゥズーロ　　トロワズーロ　　カトルーロ　　　サンクーロ
six euros,　sept euros,　huit euros,　neuf euros,　dix euros
シズーロ　　セトゥーロ　　ユイトゥーロ　　ヌフーロ　　　ディズーロ

時　刻

sept heures cinq
セトゥール　サンク
（7時5分）

huit heures et quart
ユイトゥール　エ　カール
（8時15分）

neuf heures et demie
ヌヴール　エ　ドゥミ
（9時30分）

dix heures moins le quart
ディズール　モワンルカール
（10時15分前）

onze heures moins dix
オンズール　モワンディス
（11時10分前）

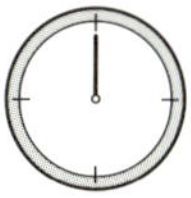

midi
ミディ
（昼の12時）

minuit
ミニュイ
（夜の12時）

序数詞

1e / 1ère　premier / première
　　　　　プルミエ　　プルミエール

2e　deuxième
　　ドゥジエーム

3e　troisième
　　トロワジエーム

4e　quatrième
　　カトリエーム

5e　cinquième
　　サンキエーム

6e　sixième
　　シジエーム

7e　septième
　　セティエーム

8e　huitième
　　ユイティエーム

9e　neuvième
　　ヌヴィエーム

10e　dixième
　　　ディジエーム

曜　日

lundi（月曜），**mardi**（火曜），**mercredi**（水曜），**jeudi**（木曜），
ランディ　　　　マルディ　　　　メルクルディ　　　　ジュディ
vendredi（金曜），**samedi**（土曜），**dimanche**（日曜）
ヴァンドゥルディ　　サムディ　　　　ディマンシュ

aujourd'hui（今日），**demain**（あした），**après-demain**（あさって）
オジュルデュイ　　　　　ドゥマン　　　　　アプレドゥマン

インターネット　便利アドレス

官　庁
● 外務省
　　パスポート A to Z　www.mofa.go.jp/mofaj/toko/passport/
　　在フランス日本大使館　www.fr.emb-japan.go.jp/jp/

交通機関
● 空港・航空会社
　　パリ空港　www.adp.fr　　　　日本航空　www.jal.co.jp
　　全日空　www.ana.co.jp　　　　エールフランス　www.airfrance.co.jp
● 公共交通機関
　　フランス国鉄 SNCF　www.sncf.fr
　　パリ交通公団 RATP　www.ratp.fr

観　光
● 観光局
　　パリ市観光局　www.paris-touristoffice.com
● バスツアー
　　パリヴィジョン　www.parivision.com　　　シティラマ　www.cityrama.com
● 美術館・観光地
　　ルーヴル美術館　www.louvre.fr　オルセー美術館　www.musee-orsay.fr
　　ポンピドー・センター　www.cnac-gp.fr
　　ロダン美術館　www.musee-rodin.fr
　　マルモッタン美術館　www.marmottan.com
　　ジャックマール・アンドレ美術館　www.musee-jacquemart-andre.com
　　ヴェルサイユ　www.chateauversailles.com
　　フォンテーヌブロー　www.fontainebleau.com
　　シャンティイ　www.chantilly-tourisme.com
　　オーヴェール=シュール=オワーズ　www.auvers-sur-oise.com
　　シャルトル　www.chartres.com　　　　プロヴァン　www.provins.org
　　ディズニーランド・パリ　www.disneylandparis.com
● ガイド
　　ゴー・ミヨー　www.gaultmillau.fr　　　オヴニー　www.ilyfunet.com

● 劇場
　　オペラ座　www.opera-de-paris.fr
　　シャンゼリゼ劇場　www.theatrechampselysees.fr
　　シャトレ劇場　www.chatelet-theatre.com
　　コメディ・フランセーズ　www.comedie-francaise.fr
　　オデオン座　www.theatre-odeon.fr
　　オランピア劇場　www.olympiahall.com
● キャバレー
　　ムーランルージュ　www.moulin-rouge.com
　　クレイジーホース　www.lecrazyhorseparis.com
　　パラディラタン　www.paradis-latin.com　リド　www.lido.fr
● フイルムライブラリー
　　シネマテック　www.cinemathequefrancaise.com

ショッピング
●デパート・大型店
　　ボンマルシェ　www.lebonmarche.fr　　プランタン　www.printemps.fr
　　パリ高島屋（Printemps内）　www.takashimaya.fr
　　ギャラリー・ラファイエット　www.galerieslafayette.com
　　松坂屋（Galeries Lafayette内）　www.matsuzakaya.co.jp/paris/index.shtml
　　ベーアッシュヴェー　www.bhv.fr　　フナック　www.fnac.com
● ブランド
　　シャネル　www.chanel.fr　　ルイ・ヴィトン　www.vuitton.com
　　カルティエ　www.cartier.com　　アニエスベー　www.agnesb.fr
● 食料品
　　フォション　www.fauchon.com　エディアール　www.hediard.fr
● 化粧品
　　マリオノ　www.marionnaud.com
● スーパー
　　モノプリ　www.monoprix.fr

雑誌・新聞
　　エル　www.elle.fr　　　　パリマッチ　www.parismatch.com
　　フィガロ　www.lefigaro.fr

著者略歴

田中成和（たなか・しげかず）
1949年、大阪市生まれ。立教大学大学院博士後期課程（フランス文学）に学ぶ。
現在、立教大学、明治大学など講師。
編著書、『ディコ仏和辞典』（共編著、白水社）
著書、『完全予想・仏検3級』『完全予想・仏検4級』『完全予想・仏検5級』
（共著、駿河台出版社）
訳書、ギィ・ミショー著『ステファヌ・マラルメ』（水声社）など

渡辺隆司（わたなべ・たかし）
1950年、大阪市生まれ。早稲田大学大学院博士課程（フランス文学）、パリ第
IV大学（ソルボンヌ）博士課程に学ぶ。
現在、青山学院大学、日本女子大学など講師。
訳書、アンヌ・フィリップ著『丘の上の出会い』（福武書店）、『ブリジット・
バルドー自伝・イニシャルはBB』（早川書房）など

田中・渡辺の共著として、本書の他に『リカのフランス語単語帳500』（駿河台
出版社）、『トラブラないトラベル会話、フランス語』（三修社）があり、『リカ
のフランス語単語帳1000』（駿河台出版社）が近刊予定。また『リカのパリ』、
『リカのフランス語入門』、『リカのパリガイド』の〈リカ・シリーズ〉フラン
ス語教科書（駿河台出版社）や、ビデオ教材用教科書『Trois minutes, s'il
vous plaît』（伸興通商株式会社）がある。

かしこい旅のパリガイド
（CD付）

田中成和　著
渡辺隆司

2003. 4. 1　初版発行
2016. 4. 1　5刷発行

発行者　井田洋二

〒101-0062 東京都千代田区神田駿河台3の7
発行所　電話 03(3291)1676 FAX 03(3291)1675
　　　　振替 00190-3-56669
　　　　株式会社 駿河台出版社

製版　㈱フォレスト／印刷　三友印刷㈱
ISBN4-411-00489-5 C0085　￥1500E

http://www.e-surugadai.com

CD付き

リカの
フランス語単語帳
500

田中成和／渡辺隆司
共著

入門編

使えるフランス語を自然にゲットできる　　定価 本体1900円 ＋税